KB203855

▲ "이 몸과 마음을 무량세계에 봉헌하여 부처님 은혜를 갚고자 한다." 나는 이러한 이념으로 일생을 불교·교육·문화 및 자선사업에 헌신하였으니, 나의 배움의 길이 모두에게 참고가 되었으면 한다.

학습의 그림자

책에서 습득한 지식 외에, 필요하면 실행하면서 배우는 것도 꼭 필요하다. 배움은 학문뿐 아니라 구체적인 실천이 더 필요하기 때문이다.

▲ 어릴 적 서하총림에서 가르침을 받았다. 사진은 난징 서하율학원 산문山門.

▲ 신주(新竹) 칭초호青草湖에서 타이완불교강습회 때의 스승과 제자들.

▲ 불광산 건설 초기 소정순과 함께 사찰 구조를 논의하며 건축 공정에 관해 배우기 시작.

▲ 소년시절부터 공부에 뜻을 두고 어려운 환경 속에서도 공부를 하려 했고, 이것이 '스스로 배움'의 습관을 키웠다.

문이재도文以載道 (문장은 이치를 설명하기 위한 도구)

나는 글짓기를 좋아한다. 나이 18, 9세에 투고를 시작했고, 글짓기와 편집 출간까지 여러 전문적인 것을 관찰과 배움으로 습득했다.

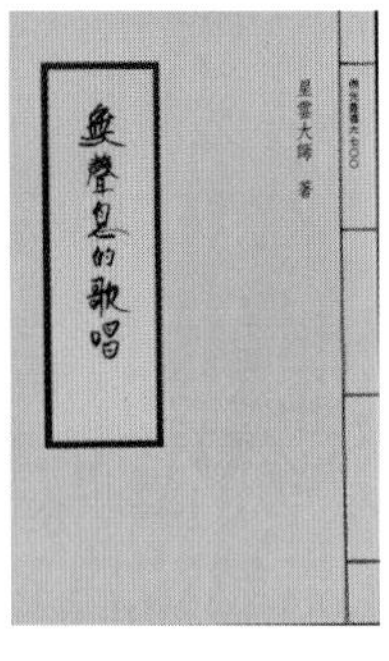

▲『소리 없는 노래』는 나의 첫 번째 작품이다. 『옥림국사』·『석가모니전』은 내가 인물소설을 쓰고자 시도했던 작품들이다.

▼ 1957년 장소제張少齊 거사는 『각세覺世』 잡지를 창간하고 성운대사를 총괄편집으로 초청하여 열흘마다 한 호수를 출판하게 되었다. 나중에 장소제 거사는 잡지를 성운대사에게 양도하여 운영하게 했는데, 처음의 신문형태, 포켓북 형태에서 잡지형태로 바뀌면서도 40여 년 동안 끊임없이 발행되었다. 지금은 『人間福報』의 「覺世副刊」으로 바뀌었다.

▲ 인쇄매체가 쇠퇴기에 있었으나, 나는 2000년에도 『인간복보』를 창간하였다.

▲『불광대사전』·『세계불교미술도설대사전』·『법장문고』 등 전집들은 오랜 시간과 방대한 노력을 들여서 완성한 것이다.

교육으로 나 자신과 타인을 앞으로 이끌다

나는 많은 종류의 교육사업에 몸담았다. 불교교육·사회교육 외에도 직업학교·대학교육, 심지어 해외교육에도 많은 투입을 했다.

▲ 이란(宜蘭)에서 유치원 교사 양성반을 운영하며 수백 명의 유치원 선생님을 양성했으며, 1956년에는 이란에서 '자애유치원'을 설립했다. 위 사진은 선생님들과의 단체사진.

▲ 1958년 이란염불회에서 아동반을 설립했다. 아동들과 같이 수행하는 사진.

▲ 수산불학원이 후에 개명과 제도변경을 하였으나 일반학교 학기제를 적용해서 꾸준히 학교를 운영하였다. 사진은 1966년 제2학기 개학식에서 스승과 학생이 함께 촬영한 것.

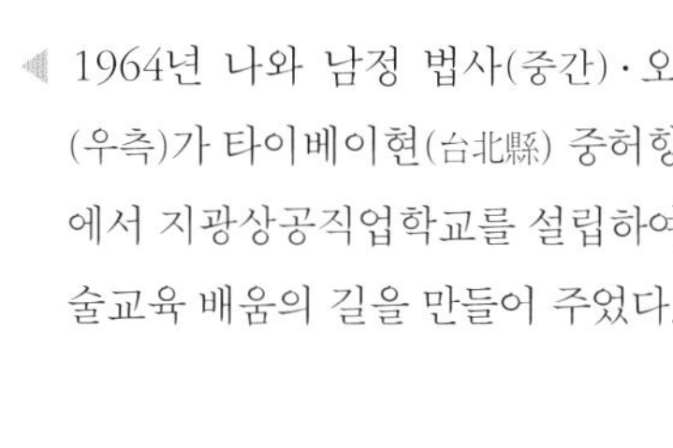

◀ 1964년 나와 남정 법사(중간)·오일 법사(우측)가 타이베이현(台北縣) 중허향(中和鄉)에서 지광상공직업학교를 설립하여 직업기술교육 배움의 길을 만들어 주었다.

▼ 1977년 내가 정기중학을 인수하여 보문중학으로 개명하였다.

▲ 미국 LA에 위치한 서래대학은 내가 개설한 첫 번째 대학이다.

◀ '백만인흥학운동' 창건과 지지 하에 이란 쟈오시(礁溪)에 불광대학을 설립하였다.

'스스로 배움'의 씨를 뿌리다

학교 설립과 문화교육사업을 하는 것 외에, 나는 더 많은 사람들이 서향書香에 심취해서 지혜를 얻도록 적극적으로 독서회 설립을 추진했다.

◀ 2001년 '인간불교독서회'를 설립하여 '홍건전기금회PHP소직우회'·'천하원견독서구락부' 등 각 기구조직들과 연맹관계를 맺었다. 더 많은 세력과 힘을 합쳐 독서운동을 펼쳐 나가기 바란다.

▶ '인간불교독서회'에서는 장기적으로 독서와 공유를 추진하고 있다. 각계각층 사람들과 함께하기를 소망한다.

▲ 2010년 '전민독서박람회'가 금광명사金光明寺에서 거행되었다.

다원화한 인생을 열다

성운대사의 「자학自學」의 길

성운대사 지음
이승준 옮김

운주사

제1권 '자각'에서 시야를 열다

제2권 '자학'에 기대어 기능을 강화하기

제3권 '각타'에서 학습 면을 확장하다

제1권

'자각'에서 시야를 열다

남이 질책하거나 훈계하기 전에
나 스스로 먼저 자각自覺해야 한다.
누구나 능력이 부족할 수 있다.
허나 능동적으로 그 원인을 파악할 수 있다면
더 힘찬 추진력을 얻을 수 있다.
오로지 나만이 끊임없이 진보 성장하고,
자신감과 힘을 되찾을 수 있게 나를 도울 수 있는 것이다.

❖ 나의 자발적 학습(自學) 과정

나는 일생 동안 학교에 들어가 공부한 적이 없고, 초등학교 졸업장도 유치원 졸업장도 없다. 그렇다고 내가 공부와 배움이 없었다는 의미가 아니다. 이른바 "늙을 때까지 배움은 끝이 없다"는 말처럼, 고령에 눈이 안 보이는 지금도 차례로 제자들에게 부탁해서 책을 읽어 달라고 한다.

인생은 바로 배움의 장

어린 시절을 회상하면, 학교교육과 온전한 가정교육을 못 받았음에도 나는 '자기학습(自我教育)'의 성격을 타고났다고 생각한다. '자기학습'은 바로 '자각自覺'이며, 대인관계와 사무처리를 배워야 한다고 스스로 느낄 때 비로소 쓸모 있는 인재가 된다.

어린 시절의 나는 항상 외할머니를 따라 이 사찰 저 사찰을 다니던 예의바른 아이였던 것 같다. 주변에 나를 싫어하거나 혼내는 사람도 없었고 모두 나라는 꼬마를 좋아했던 것 같다. 아마 나의 유년 시절도 사랑스러운 구석이 있었던 모양이다.

어린 시절 외할머니가 법당에서 불렀던 시가詩歌를 들었던 기억이 난다.

"선善은 푸른 소나무와 같고, 악은 꽃과 같네, 푸른 소나무가 보기에 꽃보다 못하나, 어느 날 서리를 맞으면 꽃은 안 보이고 푸른 소나무만 보일 것이네." 또 「인과게因果偈」에 "착한 일에는 착한 결과가 있고, 나쁜 일에는 나쁜 결과가 있네. 결과가 없는 것이 아니라, 시간이 아직 안됐을 뿐이네." 세월이 80여 년 지난 지금도 외할머니가 시가를 노래하던 모습이 눈앞에 선하다.

나는 사내아이였지만 청소, 설거지, 장작 때기, 반찬 만들기 등 집안일하는 것을 좋아했고 열심히 했다. 집안이 가난했기 때문에 하는 수 없이 부모님을 도와 집안 살림에 도움을 줄 수밖에 없었다. 어린 시절부터 남들이 버린 폐기물을 주었고, 먹다 버린 호두 씨앗이나 자두 씨를 주어서 한약방에 팔고 동전 몇 닢과 바꿀 수 있었다.

나는 종종 아침에는 개똥을 줍고 저녁엔 소똥을 주워 팔아 번 동전 몇 닢을 어머니에게 드렸는데, 어머니는 그렇게 좋아하셨고 나도 기분이 좋았다. 개똥은 비료로 쓸 수 있고 소똥은 땔감으로 쓰였다. 특히 내 나이 10살 때 칠칠 노구교 사건(七七盧溝橋事件, 1937. 7. 7)이 발생해서 내 고향은 완전 초토화됐고, 그 와중에 친구 한 명과 폐허 속에 묻힌 못이나 구리 조각을 캐서 팔면 몇 푼이라도 벌 수 있었다. 돌이켜 생각하면 이것도 자원회수의 일종이 아니었나 싶다!

그 시절 나는 돈을 버는 것이 목표의 전부가 아니었다. 내 생각에 인생 자체가 일종의 배움의 장이고, 다른 아이들처럼 학교는 못 가지만 처신을 배우고 일하는 법을 배우면 이 또한 어린 시절을 허비한 것이 아니라고 생각했다.

처음 출가할 때 나이가 겨우 12살이었지만, 그렇다고 완전 무지하진 않았고 한자 몇 백 자 정도는 알고 있었다. 그것도 일자무식인 나의 어머니이가 매번 내가 틀린 말을 하거나 적절한 말을 못할 때 지적하시고 올바른 말을 가르쳐 주셔서 깨우치게 된 것이다. 나도 한때 며칠 동안이지만 서당을 다닌 적이 있어, 당연히 몇 글자 배우는 데 도움이 되었을 것이다.

출가할 때 은사님은 어머니에게 나를 공부시키겠다고 약속하셨으나, 전쟁통에 스님들조차도 끼니를 거르는 상황이라 아무도 공부에 대해 말조차 꺼내지 않았다. 가끔 선생님 한 분이 종을 치며 수업하려고 하면 모두들 도리어 의아해하며, "왜 종을 치는 거지? 누가 와서 수업하려나?" 하고 쑥덕거렸다.

사실 우리를 가르치는 선생님도 교육을 받은 적이 없고, 심지어 공부를 많이 못했을 수도 있다. 단지 나이가 우리보다 많고 배움의 시간이 우리보다 길어서 우리를 가르치는 것인데, 그래도 우리는 선생님을 존경했다. 때론 수업 중 칠판에 분필로 쓴 판서의 위치도 맞지 않고 어휘에 대한 설명도 신통치 않았다. 그러한 수업에도 불구하고 나는 칠판에 판서 쓰기와 교과서 본문의 어구 설명을 어떻게 하는 게 좋을지를 배웠다. 좋은 선생님을 만나는 것은 학생들의 복이다. 선생님의 자질이 좀 떨어져도, 그가 정직과 지식을 겸비했다면 얼마간의 이치라도 배울 수 있지 않을까 생각한다!

지금 회상하면 내가 서하산사棲霞山寺에서 7, 8년 동안 수업 받는 내용 중 어떤 것은 너무 심오해서 제대로 가르침을 받지도 못했다. 예를 들어 선생님이 '여래장如來藏'·'십팔공十八空 '·'팔식八識'·'이무아二無我' 등을 강의할 때 나는 선생님 말씀이 하나도 이해가 안 됐고,

『인명론因明論』과 『구사론俱舍論』을 강의하실 때는 마치 귀머거리나 벙어리가 된 듯했다. 한번은 선생님이 우리에게 작문을 가르치는데, 제목이 "이보리무법직현반야론(以菩提無法直顯般若論: 무법의 보리로써 반야를 곧바로 드러내는 논)"이었다. 솔직히 지금도 이 제목으로 강의하는 게 어려운데, 하물며 그 당시 청소년이었던 내가 어떻게 그 의미를 알겠는가? 하는 수 없이 다른 책에서 베껴서 답안지를 낼 수밖에 없었다.

선생님이 내 답안지에 코멘트 하기를 "두 마리 노랑오리가 버드나무에서 짖어 대고, 백로 떼는 높은 창공으로 날아오르는구나"라고 적어 주셨다. 나는 선생님의 칭찬인 것으로 착각하고 좋아했다. 후에 선배가 나에게 "두 마리 오리가 뭘 짖어 대는지 너는 아느냐? 백로 떼가 왜 날고 있는지 그 뜻을 아느냐?" 내가 "잘 모르겠다"고 했더니, "선생님이 네가 쓴 내용이 무슨 말인지 모르겠다는 얘기다"라고 했다. 나는 너무 부끄러워 다시는 함부로 말을 하지 않았다.

서하산에서 공부하는 동안 외출과 신문 보기를 금했고, 불교경문 외엔 일체 서적을 접할 수 없었다. 한번은 길가에서 누군가가 떨어트린 『정충악전精忠岳傳』이란 제목의 소설을 주웠는데, 겉면에 천연색으로 악비岳飛가 무릎을 꿇은 상태에서 모친이 등에 '정충보국精忠報國'이란 네 글자를 바늘로 새기는 그림이 있었다. 이 네 글자가 나의 심금을 울렸고, 사람은 이렇게 처신해야 한다고 생각했다. 훗날 나는 '정충보국'의 정신을 생활에 적용시켜 일, 약속, 책임에 충심을 다하게 되었다. 지금 생각하면 『정충악전』이 나를 계몽시킨 첫 번째 책이라고 할 수 있다.

선생님이 가르쳐준 불법을 이해하지는 못했지만, 하루는 도서관에서 황지해黃智海가 쓴 『아미타경백화해석阿彌陀經白話解釋』을 보고서 나는 무아지경에 빠졌고 불법이 너무 좋아졌다. 원래 정토 극락세계가 있는데, 거기엔 아름다운 자연계의 풍경과 서로 화합하는 사람이 있고, 이른바 '칠보항수七寶行樹'·'팔공덕수八功德水'처럼 장엄하고 평화롭고 평온한 인생의 천당이 실재하고 있다는 것이다! 이에 나는 수행과 배움에 대해 한층 더 확신을 갖게 되었다.

서하산 시기의 성장

나는 운 좋게도 15살에 비구삼단대계比丘三壇大戒를 받았다. 수계기간 동안 수면부족, 배고픔, 선생님의 꾸짖음 외엔 별다른 느낌이 없었다. 굳이 생각하자면 수계기간 동안 받은 고난과 억울함 정도인데, 이 또한 가르침을 받는 기간이었기 때문에 당연하다고 여겼다. 생각해 보면 청소년기에 받았던 억압과 억울함을 견딜 수 있었던 것은 때리고 꾸짖고 탓함을 '당연시'했기 때문이다.

수계식이 끝난 후 간헐적인 학과수업 외에 나는 더욱더 고행의 행렬에 나를 맡겼다. 물 나르고, 땔감 나르고, 식당에서 봉사하기 등을 했는데, 특히 밥 퍼고 설거지하는 봉사만 6, 7년 했다. 중국의 혹독한 겨울 날씨에 그릇과 접시 수백 개를 차디찬 물로 씻으면 손이 갈라져 속살이 보일 지경이었다. 이런 작업이 반복되었지만 참고 견디는 것밖에 또 무슨 수가 있겠는가? 인생을 돌이켜보면 고난을 감내하는 것이 청년 수도승인 나에게 도움이 되는 증상연增上緣이었던 것이다. 누구든 고난을 이기고 참고 견딜 수만 있다면 나중에 반드시 성공할 것이다. 나는 고행을 발원發願하기만 해도 깨달음을 얻을 수 있다고 생각한다. 나는 서하산에서 교육받을 시기 동안 세 번에 걸쳐 가장 활용성 있는 자각自覺을 했다.

첫 번째, 항일전쟁 초기에 서하산의 시골 사범학원이 후방인 충칭(重慶)으로 철수하면서 책이 거리에 많이 떨어졌는데, 우리가 그것들을 주워서 후에 '활엽문선실活頁文選室'이라는 도서관을 만들었다. 불교서적은 이해 못했지만, 도서관에서 중국민간소설인 『봉신방』·『칠협오의』·『양산박과 축영대의 칠세인연』·『삼국연의』·『수호전』, 심지어 『그림동화집』·『안데르센동화집』, 프랑스 알렉상드르 뒤마의 『몬테크리스토백작 복수기』·『라트라비아타(춘희)』, 그리고 영국의 『셰익스피어전집』, 러시아 톨스토이의 『전쟁과 평화』와 인도 타고르 시집 등 수많은 대문호들의 위대한 작품들을 보았다. 지금도 충분히 이해를 못했지만, 그 당시 많은 것을 얻었다고 생각한다.

두 번째, 눈이 책을 보는 것 외에 귀도 매우 바빴다. 나보다 나이 많은 선배들이 불교의 과거 역사에 대해 이야기할 때 마치 눈앞에서 펼쳐지는 것처럼 생생했고 이야기에 흠뻑 취하곤 했다. 예를 들어 이런 이야기들… 원영圓瑛 대사와 태허太虛 대사가 형제의 연을 맺는 이야기, 인산仁山 법사가 금산金山 대소동을 일으킨 사건, 팔지두타八指頭陀의 '동정파송일승래(洞廷波送一僧來: 동정호의 물결이 한 스님을 보내다)', 청량사 정파靜波 노화상의 여러 일화, 인광印光 대사의 『문초文鈔』, 홍일弘一 율사의 재자가인才子佳人 등이다.

세 번째, 가장 중요한 것은 관세음보살님께 예불한 체험일 것이다. 불보살님의 가피로 소년 성운이 청년이 되고, 무지한 불자에서 불법을 깊이 체감하는 수행자가 되고, 우매함에서 서서히 조금씩 반야지혜를 알게 된 것이다. 이 모든 것에서 내가 가장 큰 수혜자이므로 모든 불보살님들의 자비와 은덕에 감사드릴 따름이다.

글의 힘을 느끼며

18살 되던 해, 즉 항일전쟁 막바지에 나는 초산불학원焦山佛學院으로 갔다. 그 당시 나는 자학(스스로 학습)을 이미 알고 있었다. 나는 구독자가 한 사람뿐인 나를 위해 월간잡지 『나의 정원』을 내 손으로 써서 발행했다. 내용은 머리말, 사설, 불교강좌, 산문, 소설, 시가詩歌, 심지어 후기도 실렸다. 모든 것을 내가 직접 쓰고 연습을 했기 때문에 글의 힘이 내 마음속 깊이 각인됐고, 향후 글 쓰는 과정에서 다방면의 상황에 따라 응수할 수 있었던 것도 이때에 경험과 매우 관련이 깊다.

특히 이때 호적지胡適之의 『호적문존胡適文存』, 양계초梁啟超의 『불학연구18편』, 왕계동王季同의 『불교와 과학의 비교』, 우지표尤智表의 『불교과학관』·『한 과학자가 연구한 불경보고서』 및 『해조음海潮音』·『중류中流』 등 월간잡지가 나에게 큰 도움이 됐고, 매번 좋은 이치를 발견하면 노트에 꼭 메모해 놓았다. 내가 선망하는 당대 대 문학가들, 노신魯迅·파금巴金·노사老舍·모순茅盾·심종문沈從文과 진형철陳衡哲의 『작은 빗방울』·빙심冰心의 『독자에게 보내다』도 나에게 크나큰 영향을 끼쳤다.

초산에서 가르치는 선생님들은 과거처럼 그리 허술하지 않았다. 내 기억으로 태허 대사 문하 제일의 불학 태두泰斗인 지봉芝峰 법사·베이징대학의 설검원薛劍圓 교수·『구사론俱舍論』 강연 전문가인 원담圓

湛 법사와 노장철학·사서오경, 심지어 대수학·기하학을 가르치는 선생님도 계셨다. 나는 그 1, 2년 동안 허기지듯 법의 맛(法味)을 마음껏 음미했고, 기회가 있을 때마다 짧은 기사와 짧은 시를 전장(鎮江)의 각 신문사에 투고하면서 나 스스로에게 용기를 줬다.

나는 초산에 있을 때 생사불명의 아버지를 위해 「부칠 수 없는 편지 한 통」을 썼고, 또 「평등한 조건하의 희생자」와 「돈의 여행기」도 썼다. 비록 돈을 써 본 적은 없으나, 나에겐 두뇌와 참신한 사고思考가 있었으니, 무엇을 배워도 마치 깨닫듯이 손쉽게 느껴졌다.

초산에서 졸업을 반년 앞둔 시점에 나는 불학원의 구조조정에 불만을 품고 졸업식을 포기하고, 서신을 보내 은사님의 동의를 얻어 1947년 겨울 조정祖庭 사원인 대각사大覺寺에 들러 예를 올리고 시골 초등학교의 교장으로 부임하게 됐다. 이것은 나에게 '일하면서 배우는' 좋은 시험대가 됐다.

후에 난징(南京)에서 단기 주지를 맡을 때 청소년기에 배운 총림의 규칙들을 십분 활용하여 시간을 허비하지 않았다. 마치 육·해·공군처럼 나는 불문의 율하(律下: 율종 도량)인 보화산寶華山에서 계를 배웠고, 선종(宗下)으로는 금산金山 강천사江天寺·창저우(常州) 천녕사天寧寺 선방을 참방했으며, 교종(教下)으로는 초산 정혜사定慧寺 불학원도 참방하였다. 비록 깊은 배움은 없었으나 조금이나마 융통성을 키우지 않았나 싶다.

그 영향으로 지금은 나도 계사戒師 역할을 할 수 있다. 불광산에서 다수의 전계傳戒 의식을 주관하며 규율 개선을 할 수 있었던 것은 당시 각 종파 참방參訪이 큰 기초가 됐다.

난징에서 보낸 짧은 1년여 동안 도반들과 화장사華藏寺에서 '불교의 신생활운동'을 제창했다. 백탑산白塔山에서 『노도怒濤』 잡지를 출간한 경험으로 불교의 구식혁신운동을 추진하며 신불교로 한걸음 더 다가섰다. 이것은 내 사상의 개척이며 홍법과 중생을 이롭게 하는 가장 큰 조연(助緣: 도움이 되는 인연)이다.

세 사람이 가는 곳에는 반드시 스승이 있다

타이완(臺灣)으로 건너온 이후, 나는 총명한 사람은 아니었지만 사람들과 지식을 공유하는 것을 무척 좋아했다. 중리(中壢) 원광사圓光寺에 방부榜附를 들일 때 3인 혹은 5인 1조를 상대로 국어 및 평이한 불경을 가르쳤다. 특히 1949년 신주(新竹) 청초호青草湖의 타이완불교강습회臺灣佛教講習會(불학원)에서 교무주임을 맡고 학생들을 가르치면서 나도 배우고, 행정업무도 하고, 학생들을 인솔해서 수행도 같이 했다. 한 학기 동안 배우면서 수업을 하니 몸무게가 7, 8킬로나 빠졌다. 이것만 봐도 내가 교육에 얼마나 열성적이고 마음을 다하는지 알 것이다.

나중엔 이란(宜蘭)에서 음악을 모르는 내가 사람들을 위해 노래 작사를 했는데, 예컨대 「홍법자의 노래」·「어서 부처께 귀의하자」·「서방」·「종소리」·「불교식 결혼축가」 등이 있다. 나는 문화예술은 모르고 약간의 문학밖에 아는 게 없었으나 이란에서 문예반을 열어 강의를 했다. 한정된 불법으로나마 불경을 강의하고 홍법하며 중생을 이롭게 했다.

점차적으로 나를 찾아와 대화하는 각계각층의 인사들이 많아졌다.

예를 들어 선생님이 오면 교육경험에 관해 얘기하고, 경제계 인사가 오면 장사하는 과정에 대해 얘기하고, 군인이 오면 전황에 대해 얘기하고, 정치인이 오면 정치의 시시비비에 대해 얘기했다.… 그 당시 많은 학자·전문가·유명인사들이 타이완으로 몰려와 마땅히 얘기할 만한 상대가 없던 차에, 마침 이란 뇌음사雷音寺라는 작은 사찰에 사람과 대화가 통하는 스님(和尙)이 있다는 소문을 듣고 찾아온 것이다.

이것은 마치 내가 학생이 되어 매일 많은 선생님들이 찾아와 백과전서를 가르치는 것과 같았다. 나는 이렇듯 사회를 학교 삼아 대중들에게 배웠으니, '세 사람이 가는 곳에는 반드시 스승이 있다(三人行必有我師)'는 말을 할 필요도 없이, 누구든 나의 선생님이 될 수 있다고 생각했다.

이러한 배움으로 나는 눈은 카메라와 같고, 귀는 라디오와 같으며, 혀는 확성기와 같다고 느꼈다. 몸과 마음이 연동하면 임기응변이 가능하듯, 우리 몸도 기계와 같아서 사상을 자유롭게 운전할 수 있다고 나는 생각한다.

이런 여러 일들로 인해 나는 배움의 목적은 단지 학문이 아니라 구체적인 실천에 있다고 생각한다. 예를 들면 내가 손으로 제일 잘하는 것은 밥하기이며, 가장 많이 한 일은 건축이다. 건축은 벽돌 나르기·기왓장 나르기·모래 나르기·시멘트 섞기 등 반드시 손으로 실천해야 되는 것들이며, 절대 입으로 대신할 수 있는 것이 아니다.

1967년 중졸 학력의 목공 한 분이 나와 가오슝(高雄)에 보문유치원普門幼稚園을 건설한 인연으로 그를 불광산으로 데려와 도량을 건설하기 시작했다. 이분의 성함은 소정순蕭頂順 선생이신데, 매우 총명한 사람이었다. 그와 나는 건축에 대해 배운 적이 없었고 도면도 그릴 줄 몰랐다. 단지 맨땅에 나뭇가지로 얼마나 높고 얼마나 길게 지어야 하는지 그려가며 토론을 했다. 이렇게 해서 개산開山 이래 현재까지 불광산에 같은 사람들이 계속 일을 맡고 있으며, 심지어 소 선생의 3대 자손까지 건설에 참여하고 있다.

나도 이들과 같이 거푸집 만들기·철근고정 공사를 했다. 심지어 총림학원의 도로·대웅전 섬돌(丹墀)·영산승경광장靈山勝境廣場의 시멘트 타설 공사 때는 내가 불학원의 학생들과 같이 쇠자로 한 칸 한 칸씩 그려가며 현장에서 일을 했다.

주방에서 밥하는 것은 우선 그릇 씻기와 접시 씻기, 채소를 씻고 썰기까지 해야 비로소 솥에서 음식을 만들 수 있는데, 나중엔 경험이 쌓임에 따라 사람들이 차차 나를 요리사로 인정해 줬다.

나는 교육을 많이 받진 못했지만 교육을 좋아하고 지지한다. 2015년 전 타이완 170여 명의 대학총장이 불광산부처기념관에서 회의를 했는데, 교육부에서는 나와 모든 총장들에게 강연할 것을 요청했다. 남화대학의 임총명林聰明 총장, 그리고 불광대학의 양조상楊朝祥 총장도 나에게 대학의 전체 선생과 학생들을 상대로 강연해 줄 것을 요청했다. 나는 내 경력을 바탕으로 이들에게 자학自學과 자각自覺하는 과정에 대해 강연을 했다.

무릇 자학은 공자의 가르침이니, 이른바 "배우고 수시로 익히면 기쁘지 않겠는가?(學而時習之, 不亦說乎)"이다. 자각은 부처님의 가르침이니, 이른바 "스스로 깨닫고 남도 깨닫게 하며 깨달음과 행이 원만함(自覺·覺他·覺行圓滿)"인 것이다. 이러한 자학과 자각의 경험은 오늘날 내가 한 모든 행동·사상·관념·처신·하나를 보면 셋을 아는 것(비유로 배우는 것)·융통성 있는 일처리·승려와 신도 간 평등 관계의 토대가 되었고, 나아가 불법의 오묘한 이치의 체득에도 도움이 되었으니, 나의 일생에 있어 자학과 자각은 모두 매우 유용한 것이다.

◆ 사람은 일생 동안 외부에서 불어오는 온갖 비바람도 막아야 하지만, 자신의 계발에도 적극적이어야 한다. 마음속 에너지를 끊임없이 개발해야 후회 없이 인생의 여정을 완수할 수 있다. 육근(눈·귀·코·혀·몸·생각)이 상호 작용하는 힘을 배우고, 생각할 수 있는 용기·행동할 수 있는 용기·말할 수 있는 용기가 있어야 하고, 용감하게 나 자신을 살아내야 생명이 풍부한 창조력을 가질 수 있는 것이다.

◆ 자아학습이란 무엇인가?
눈은 보고, 입은 질문해야 한다. 마음은 집중해야 하고, 귀는 들어야 한다.
손은 글을 써야 하고, 발은 걸어야 한다. 의식은 근면해야 하고, 생각은 명확해야 한다.

_ 본문출처: 『불광채근담佛光菜根譚』

❖ 내가 부처다

선문禪門에 이런 이야기가 있다.

하루는 신도가 선사에게 "부처(佛)가 무엇입니까?"라고 질문했다. 선사는 매우 난처하듯 신도를 바라보며 말했다. "그것은 말씀드릴 수 없습니다. 얘기해도 안 믿으시기 때문입니다!"

신도가 말했다. "스님의 말씀을 제가 어찌 믿지 않겠습니까! 저는 진정으로 스님께 문제를 청하는 것입니다."

선사가 고개를 끄덕이며 말했다. "좋습니다! 그렇게 저를 믿으시니 말씀드리지요. 당신이 부처입니다!"

신도가 깜짝 놀라며 크게 말했다. "제가 부처면 왜 제가 모르고 있습니까?"

선사가 말했다. "그건 당신이 감히 감당하지 못하기 때문입니다!"

예로부터 지금까지 많은 사람들이 감히 자기가 '부처'라고 인정하지 못하고 있다. 법융法融 선사가 불佛 자가 새겨진 돌에 감히 앉지 못하자, 옆에 있던 도신道信 선사가 웃으며 "선사께선 아직도 '이것'이 있습니까?"라고 했고, 혜충慧忠 국사가 한번은 "부처야! 부처야!"라고 외쳤는데, 시중이 사방을 보고 이해가 안 되는 표정으로 "여기엔 부처가 없는데, 누구를 부르시는 겁니까?" 하니, 이에 국사가 "내가 너를 부른 것이다! 너는 왜 용감하게 감당하지 않은 것이냐?" 하였다.

한번은 신도가 응접실에 좌우명으로 걸어 놓게 글을 달라고 해서 내가 바로 먹을 갈아 "내가 부처다(我是佛)"를 써서 드렸다. 이것을 받아 본 신도가 "스님! 제가 어떻게 감히? 저는 이 묵보(墨寶: 성운대사 친필 붓글씨)를 감히 받을 수 없습니다!"라고 했다. 사실 모든 사람은 본래 '부처'다. 부처님이 보리수 밑 금강좌에서 깨달음을 얻은 순간 말씀하기를 "오묘하다! 오묘하다! 대지 중생이 다 불성이 있거늘 전도된 망상으로 인해 깨치지 못하는구나." 전도된 망상은 사실 변화무상하고 자성自性이 없는 것이므로, 단지 우리가 '부처'라는 일념만 떠올리면 사라지고 마는 것이다.

돌이켜 생각하면 나는 일생 동안 '내가 부처다(我是佛)'라는 세 글자로 인해 수혜를 참 많이 입었다. 처음 출가해서 좋은 불교도가 되기 위해 열심히 불경을 독송하고 계율도 엄격하게 지켰다. 나중에 생각해 보니 이 또한 모자라서, 내가 부처님의 사자使者·불교의 법사가 되어 진리의 법음法音을 사람들에게 전해야 된다고 결심하고 열심히 경전의 가르침을 연구하고 대중에게 설법하면서 인연을 맺었다. 시간이 더 지나 법사만 해서는 부족하다는 생각이 들어, 보살이 돼야겠다고 결심하고는 보리심을 발하고, 보살도를 행하며, 남들이 못하는 것을 하고, 남들이 참지 못하는 것을 참아냈다. 어느 하루는 갑자기 '내가 왜 보살에서 그쳐야 하나, 왜 내가 부처라고 용감하게 감당하지 않지? 나는 부처님이 행하신 대로 행해야 하고 부처님이 임하신 대로 임해야 한다!'는 생각을 하니 돌연 마음이 활짝 뚫렸다.

40여 년 전 처음 타이완에 왔을 때는 기독교가 주류 종교였다. 불교의 사회적 지위는 매우 낮았고 불교도의 포교와 출국은 많은 제약을 받았다. 중국에서 건너온 많은 출가승들이 사흘이 멀다 하고 불려가 심문을 받아서, 그 당시 많은 출가승들이 다른 길로 가기를 모색하였고, 신도들도 직업을 쉽게 구하거나 안전을 위해 타종교로 개종할 수밖에 없었다. 이에 나는 내 자신에게 다음과 같이 말했다. "설령 부처님이 나에게 '모두가 예수를 믿는데 너도 예수를 믿으라!'라고 얘기해도 나는 이렇게 말해야 한다. '내가 부처인데 어떻게 예수를 믿을 수 있겠습니까?'라고." 바로 '내가 부처다'라는 이 한마디로, 당시 복잡 혼탁한 환경 속에서 "천만 사람이 가로막아도 나는 간다"는 결심과 감옥에 갈 각오로 바른 믿음(正信)의 불교를 개척해 나갔다.

얼마 후 홍콩의 대본大本 스님이 편지로 타이완에 와서 홍법하고 싶으니 도와달라고 하였다. 그 당시 홍콩에서 타이완으로 들어오는 입국비자를 받는 것은 하늘의 별 따기와 같았고, 당시 나는 타이완에서 인맥도 경제력도, 심지어 기거할 곳조차 마땅치 않던 처지였는데 어떻게 그의 요청을 수락할 수 있었겠는가? 하지만 그가 한때 나의 선생님이었고, '내가 부처'이므로 이치적으로 마땅히 중생에게 항상 순응해야 한다는 생각이 들었으니 어찌 거절할 수 있었겠는가? 그리하여 모든 방법을 동원해서 그의 요청을 들어주었다. 그때부터 나는 '내가 부처다'라는 말의 힘이 실로 광대하고 비할 바가 없다는 것을 알고 굳건한 신념을 가지게 됐다.

불경(『관무량수경』)에서 "이 마음이 부처를 짓고, 이 마음이 부처다

(是心作佛, 是心是佛)"라고 한 말씀은 매우 진실하고 전혀 헛되지 않은 말이다! 부처님 법력은 끝이 없으니 부처님이 행한 것을 배우고 따라 하면 힘이 생긴다. 그렇다면 진정으로 성불하겠다고 발심하는 것은 어떠한가? 그래서 매번 내가 귀의의식을 주관할 때 대중들에게 이렇게 물어본다. "그대들은 무엇입니까?" 아무도 대답을 못한다. 내가 말하기를 "나를 따라 하세요. '내가 부처다'." 처음엔 다들 작은 소리로 "내가 부처다" 속삭이다가 내가 소리가 너무 작다고 하자, 두 번째엔 소리가 커졌다. 이어서 내가 "좋습니다. 여러분이 부처라고 인정했으니 의식이 끝나고 집으로 돌아가서 부부간에 싸우면 안 됩니다, 왜냐하면 부처님은 싸울 줄 모릅니다. 담배도 피우면 안 됩니다, 부처님이 담배 피는 것을 봤습니까?" 모두 이 말을 듣고 크게 웃었다. '내가 부처다'를 인정하는 것은 누구나 할 수 있다. 하지만 이렇듯 간단한 방법으로 이렇게 큰 힘을 얻을 수 있으리라고 생각지 못할 것이다.

자각自覺은 부처님의 무한대 역량이다

어릴 때 뛰노는 것을 좋아했고 가끔 정의감에 사로잡혀 싸움도 더러 했지만, 출가 후에 '나는 부처다'를 생각하면 어떻게 행실을 엄숙하게 하지 않을 수 있겠는가?

나는 걸을 때 항상 부처님이 행화行化할 때의 위엄을 생각하면서 눈은 앞만 보고 어깨는 흔들지 않는다. 서 있을 때는 부처님이 하늘을 떠받치고 땅 위에 우뚝 선 위용을 생각하며 자연스레 턱을 수렴하고 등을 꼿꼿이 세운다. 앉을 때도 부처님의 단정한 정좌자세를 생각하며 자연스레 똑바로 앉게 된다. 잠자리에 들 때는 항상 부처님의 상서로운 누운 자세를 생각하며 편안한 잠을 잔다. 어떤 이는 내가 언제 어디서나 위풍당당하다고 얘기하지만 나는 속으로 '내가 부처인데 어찌 위의(威儀: 위풍당당)가 나쁘겠는가?'라고 생각한다.

비단 행주좌와行住坐卧만 그런 것이 아니고, 나의 일상생활에도 '我是佛(내가 부처다)'이라는 세 글자로 큰 변화가 왔다. 내가 사색에 빠질 때 부처님이 사색에 빠진다고 생각하면 일체 삿된 망상이 일시에 사라진다. 혼자 있을 때 부처님이 혼자 계시다고 생각하면 모든 어묵동정語默動靜이 정도正道로 향한다. 유가儒家에서 얘기하는 "남이 안 보이는 데에서도 부끄러운 일은 하지 않는다(不敢闇室)"를 '나는 부처다'의 일념으로 그 경지에 도달할 수 있다. 의식衣食도 이와 마찬가지다. 부처님이 옷을 입는다고 생각하면 사람들 앞이나 뒤에서 나는 위의를 지킬 수 있다. 일단 부처님이 식사를 한다고 생각하면 매 끼 식사를 안심하고 편안하게 먹을 수 있다. 옛 고승이 말하길 "식사할 때 여법하면 쇠를 먹어도 소화될 것이요, 여법하지 않으면 물 한 방울 마셔도 소화가 안 된다"라고 했다. 나는 과거 총림에서 새똥이 많이 묻은 두부 찌꺼기와 구더기가 기어다니는 무말랭이를 많이 먹었는데 한 번도 탈이 난 적이 없다. 내 생각에 불심으로 밥을 먹어서 그런 것 같다!

마음속에 항상 '나는 부처다'를 품고 있으면 사람을 대하고 일을 처리하는 과정에서도 큰 단서로 작용한다. 매번 사람과 대화할 때 부처님이 대화한다고 생각하면 자비·사랑, 그리고 상대에게 편의를 주는 지혜로운 말을 하게 된다. 매번 대중을 향해 법문할 때 부처님이 법문한다고 생각하면 두려움 없이 상대에 따라 법문의 수위를 조절할 수 있다. 제자를 훈계할 때 부처님이 훈계한다고 생각하면 참을성 있게 단계적으로 선도할 수 있다. 겁약한 중생들을 상대할 때 부처님이 마주한다고 생각하면 그 중생들 입장에서 생각하고 신심과 희망을 주게 된다. 비록 나는 평범한 사람이고 부처의 경지와 한참 거리가 있으나, 온 마음으로 부처님을 부르면 부처님의 가피를 입고 힘을 얻게 된다. 『법화경』에 "한 번 나무불을 부름에 모두 불도를 이룬다"라는 말씀을 기꺼이 믿어야 한다.

옛 고승께서 이르기를 "진정으로 법도를 추구하면 아직 달성이 안 되도 역시 멀지 않다(取法乎上 不中 亦不遠矣)"라고 했다. 어릴 적 작문 시간에 선생님이 「나의 포부」에 대해 써보라고 했다. 우리는 커서 모두 직업을 갖게 된다. 우리가 사士·농農·공工·상商·교教·과科·문文·의醫 어느 분야에서 일을 하든 우리의 자성自性은 '부처'이다. 어떻게 하면 자성불의 잠재를 자극해서 하는 일의 품격을 높이고 사회에 혜택을 가져다줄 것인가? 어떻게 자성불의 기능을 선용善用해서 대중을 위해 봉사할 것인가? 우리는 꼭 마음속에 '내가 부처다!'라는 하나의 관념을 형성해야 한다. 몇 년 전에 영민종합병원(榮民總醫院)의 장연張燕 선생님이 내게 심장동맥수술을 해 주고 가끔 병실에 들러 나와 불교의 이치에 대해 토론하곤 했다. 하루는 그가 내게 말하기를 "사실은 대사님이 저의 마음을 열어 주셨습니다. 전엔 하루에 한 환자만 수술을 했는데, 이젠 하루에 두 사람을 합니다"라고 하였다. 장 선생님이 자기의 '불심'을 개발했기 때문에 아침저녁으로 많은 일을 하고 또한 망중한도 즐길 수 있었던 것이다. 따라서 항상 나 자신에 대해 '내가 부처다'라고 긍정하면 당연히 못할 것이 하나도 없는 것이다.

자비심을 처음으로 낼 때 가급적 남을 배려하겠다고 생각했지만 항상 역부족이었다. 하지만 후에 마음속에 '내가 부처다'란 일념을 품고부터는 설령 개미 한 마리라 해도 밟지 않고 안전한 곳에 옮겨 주곤 했는데, 이는 '부처'가 해야 할 행위라고 생각했기 때문이다. 모기가 물면 과거처럼 손바닥으로 치지 않는다. 왜냐하면, '나는 부처다. 나의 작은 희생을 모기의 생명과 바꿀 수 없다. 부처님이 전생에 수행하실 때 살을 잘라 매에게 주기도 하고, 몸을 던져 호랑이 밥이 되기도 하셨는데… 내가 누군가? 나 또한 "부처"가 아닌가! 이 정도 수양도 없어서 되겠는가?'라고 생각하기 때문이다. 바로 이렇게 내 자비심은 차츰 발전해 나갔다.

참을 '인忍'을 수행할 때, 처음엔 배고픔·추위·고통·아픔을 인내하며 수행했는데 비교적 쉬웠다. 하지만 억울함을 참는 것이 제일 힘들다. 가끔 순간을 못 참아 남과 충돌하고 또 후회한다. 나중에 마음속에 이런 일념이 생겼다. '내가 부처인데 어찌 성내는 마음을 가질 수 있는가? 내가 무명의 불을 피워도 되나?' 생각이 여기에 이르자 참을 힘이 절로 생겨났다. 이어서 다음과 같은 이치를 체감하게 됐다. "얼굴에 성냄이 없는 것이 공양이요, 입에 성냄이 없으면 묘향妙香이 나오고, 마음속에 성냄이 없으면 가치를 헤아릴 수 없는 보물이고, 중단 없고 멸함 없음이 참다운 진리이다." 이 말씀의 심오한 뜻은 참으로 무궁무진하다.

평생 여러 차례 무례하고 악의적인 말투에 의도적으로 시비 거는 사람들을 만나곤 했다. 개중에 나를 해치려는 사람들도 몇몇 있었다.

그럴 때마다 나는 정좌하고 염불을 통해 얼마나 많은 분쟁을 소멸시켰는지 모른다. 후에 사람들이 내가 눈 감고 정좌하는 모습이 경외심을 불러일으킨다고 얘기해 줬다. 사실 이것은 내가 마음속으로 항상 '내가 부처다'를 염念하고 있기 때문이고, 부처님의 위덕과 가피의 따스한 빛이 사방으로 비추고 있기 때문이다!

출가부터 홍법까지 1갑자(60년)의 세월이 흐르는 동안 얼마나 많은 박해와 억울함을 겪었는지 모른다. 처음엔 나도 불만이 있었다. '내가 이렇게 배려해 주고 결신자애(潔身自愛: 몸을 깨끗이 하며 자신을 수양함)하는데, 왜 위해를 받는 결과가 나오는가?' 허나 순간 이런 생각이 들었다. '내가 부처다.' 부처님도 모함을 무수히 받으셨다. 예컨대 전차녀戰遮女의 사악한 계략·데바닷타의 음해·선각왕의 어려운 질문 및 많은 사람들이 부처님을 따라 출가해서 생겨난 오해와 소문 등등이 있었지만, 결과적으로 부처님의 넓고 쾌활하며 시원스러운 인품만 표출되지 않았는가. 그리하여 나는 부처님의 침착한 태도를 배우며 파도처럼 밀려오는 비방과 조소에 맞섰다. 인생의 풍파를 헤치고 여러 해가 흐른 뒤, 드디어 서광이 구름을 뚫고 비추기 시작했다.

나는 '부처'이고, 시방의 모든 부처님은 다 나의 모범이다. 나는 사바세계에서 행화行化하신 부처님의 족적을 따라 전 세계 오대주五大洲에서 불교의 씨앗을 뿌리고 있다. 나는 약사유리광여래께서 중생의 질병을 치유하시는 정신을 배워 사랑하는 마음으로 운수의원雲水醫院을 설립해 타이완 전국 방방곡곡에 부처님의 자비가 미치도록 했다. 나는 아미타불께서 중생을 맞이해 주시는 방편을 본받아 전 세계 각지에 아름다운 사찰·미술관·다실(茶坊)·도서관(書坊)을 건설하여…

부처님의 광명이 대지를 두루 비추게 했다. 나는 미래에 하생下生하시는 미륵불께서 중생에게 환희심을 주시는 이념을 진작시키기 위해 양로원·육아원·문화교육시설을 건설해서 부처님의 환희가 세상에 오랫동안 머물 수 있게 했다.

나만 '부처'의 혜택을 받은 것이 아니기에, 나는 또한 제자들에게도 용기 있게 감당하여 불전佛殿과 사찰에서 걸어 나가 큰길과 작은 골목, 빌딩, 관공소나 회사, 산이나 바닷가, 공장이나 학교로 가서 중생제도를 할 것을 독려하고 있다. 이와 별도로 나는 세계 각지에 불광회(신도회)를 조성하고 재가신도를 강사로 육성해서 부처님의 법음法音이 세상 곳곳에 흐르도록 하고, 생불평등(生佛平等: 중생과 부처가 평등함)의 사상이 인간 세상에 정착할 수 있게 하고 있다.

마음속에 부처가 있으면 일체가 성취된다

누가 나에게 '불교를 신앙하면 부처님의 감응을 받을 수 있습니까?'라고 물으면, 나는 항상 '인간 세상 도처에 감응이 있습니다. 예컨대 물을 마시면 갈증이 해소되고, 밥을 먹으면 배가 부르고, 스위치를 누르면 전기가 들어오듯… 이 모든 것이 일상생활에서의 감응인데, 스스로 나는 부처라고 긍정하고 부처님의 가르침대로 행하면 어찌 부처님의 감응을 받을 수 없겠습니까?'라고 대답한다. 만약에 당신이 이 이치를 이해하고 '부처'의 환희를 배운다면 당신도 부처님의 환희를 가질 수 있고, 더 나아가 '환희불歡喜佛'이 될 수 있다. 부처의 자유로움을 배우면 부처의 자유로움만 얻는 것이 아니라 '자재불自在佛'이 되는 것이다. 심지어 하루 종일 부처의 자비희사慈悲喜捨를 실천하면 당신은 곧바로 '자비희사불'이 된다. 매일 부처의 진리를 실행한다면 부처의 메시지를 못 받을까 걱정할 필요가 있겠는가?

과거 어느 학자가 진관眞觀 선사에게 물었다. "불경에서 말하기를 '유정과 무정은 같은 원종지(圓種智: 일체종지, 불성)이다'라고 했습니다. 즉 화초수목花草樹木도 부처가 될 수 있다는 얘기지요. 선사께 여쭈오니, 화초수목이 진정으로 부처가 될 수 있습니까?"

진관 선사가 대답했다. "화초수목이 성불할 수 있는지 걱정하는 것이 당신에게 무슨 이익입니까? 왜 자신이 성불할 수 있는지 없는지에 관심을 갖지 않습니까?"

산하대지는 모두 우리 자성自性에서 나타나는데, 일단 내가 부처인 것을 인정하면 화초수목인들 왜 부처가 못 된다는 것인가? 소동파蘇東波의 시에 아주 명백하게 말하고 있다. "강물 소리가 모두 부처님 말씀 설하고, 푸르른 저 산빛이 우리의 청정한 법신法身 아님 없네. 밤새 온 팔만사천 부처님 말씀, 나중에 어떻게 사람들에게 전할까." 세상 구석구석 부처님 설법이 없는 곳이 없다, 어서 이를 깨닫고 전파할 시간도 부족한데, 무명에 번뇌하며 자기 자신을 가둘 시간이 어디 있겠는가?

불광산 초기 대비전에 모신 수천 존尊의 불상부터 대웅전의 일만사천팔백존 불상, 나아가 대불성大佛城 대불大佛 주변에 모신 사백팔십존의 사람 키와 같은 아미타불상을 모셨으니, 그 목적은 사람들이 부처님 상을 보고 마음속에 본래 갖고 있는 불성佛性을 일깨우기 위함이다. 그러나 간혹 그 이유를 이해 못한 사람은 이렇게 비판한다. "불광산의 불상은 다 시멘트로 만들었으니 시멘트 문화인 것이다."

이 말을 듣고 나는 적잖이 놀랐다. 왜 우리에게는 수많은 세월 동안 부처님만 보였고 시멘트는 안 보였나. 그런데 왜 그 사람은 멀리서 와서는 단지 시멘트만 보고 부처님은 보지 못했나? 관건은 바로 마음속에 '부처'가 있는가 없는가에 있다.

혹자는 이렇게 묻는다. "불광산은 왜 예술가에게 불상 조각을 맡기지 않습니까?" 난 그에게 대답했다. "나는 '불심佛心'으로 불상을 조각합니다." 한번은 어느 예술가가 팔과 손이 없지만 아름다운 불상 한 존을 가지고 와서 내게 말했다. "이것이 예술입니다." 나는 생각했다. 예술가로서는 온전치 못함(殘缺)의 아름다움을 인정할 수 있을지도 모른다. 하지만 신앙은 원만하고 장엄한 것이어야 하고, 특히 부처님의 삼십이상팔십종호三十二相八十種好는 나의 마음속 신성함의 상징이고 완벽한 모범이기에 어떤 경우에도 오점이 있어선 안 되는 것이다! 옛날 사람들은 불상을 조각하거나 불화를 그릴 때 모두 이른바 '일도삼례(一刀三禮: 한 번 조각하고 세 번 절함)'·'일필삼례(一筆三禮: 한 번 그리고 세 번 절함)'의 의식을 했다. 불경에 이르기를 "공경 가운데서 불도佛道를 구한다"라고 했다. 마음속에 부처가 있어야 원만 장엄한 불상을 조성할 수 있는 것이다.

서하산의 '천불령千佛嶺'은 아버지·아들·손자 삼대가 이어가며 조각해 만들었다는 전설이 있다. 제3대 자손이 조각이 완성된 후 아무리 세어 봐도 불상이 999존이었다. 다시 조각하고 다시 세어 봐도 999존이었다. 이와 같이 수차례 시도한 후, 갑자기 마음속에 '내가 바로 부처지!'라는 한 생각이 생겼다. 이에 곧바로 자기 자신을 석벽에 세워 놓고 1,000번째 부처가 되었다. 진실이냐 거짓이냐에 상관없이 이 이야기는 내 마음 깊이 오랫동안 감동을 주었다.

'내가 부처다'라니, 이 얼마나 아름다운 경계인가!

한번은 TV 인터뷰를 하는데 진행자인 이도李濤 선생이 나더러 시청자에게 한마디로 어떻게 사회 난맥상을 개선할 수 있는지 얘기해 달라고 했다. 내 대답은 "마음속에 부처가 있다"였다. 인터뷰가 끝난 뒤 많은 사람들이 내게 이렇게 말했다. "말씀이 간결하고 너무 좋습니다!"

참으로 누구라도 '마음속에 부처가 있다'면 눈으로 보는 것이 모두 부처님의 세계이고, 귀로 듣는 것이 모두 부처님의 음성이며, 코로 맡는 냄새는 모두 부처님의 숨결이며, 입으로 하는 말은 모두 부처님의 말씀이며, 몸이 하는 일은 모두 부처님이 하는 일이 된다. 모든 사람이 이와 같다면 이것이 바로 부처님의 세계이니, 가정이 어찌 불행할 수 있으며, 나라가 어찌 부강하지 않을 수 있겠는가?

그러므로 오늘부터 우리 모두 스스로 '내가 부처다'를 희망해 보자!

◆ 본문출처: 1999년 『왕사백어往事百語 5-내가 부처다』

◆ 불법을 배울 때(學佛)는 즐겁고 자유롭게 법열法悅이 충만하도록 해야 한다. 자신을 산하대지山河大地와 동떨어져 스스로 가두지 말라.
불법을 배울 때 마음은 천공天空을 품고 사바세계에 충만하도록 넓어야 한다. 자신을 사회에서 고립시키고 세간을 거부하지 말라.

◆ 부처님의 눈과 상응相應하면 곧 중생의 고통을 볼 수 있다.
부처님의 입과 상응하면 곧 선하고 오묘한 말을 할 수 있다.
부처님의 몸과 상응하면 곧 사람들에게 친한 벗이 될 수 있다.
부처님의 마음과 상응하면 곧 중생을 이롭게 하는(利生) 일을 할 수 있다.

_ 본문출처: 『불광채근담』

❖ 나의 신新불교운동

나는 농촌에서 태어나 시골에서 자란 아이였다. 10살이 되기 전까지 집밖으로 10리를 벗어난 적이 없었고, 세상에 대해 전혀 몰랐을 뿐더러 불교 상황에 대해서도 전혀 모르고 있었다. 다행히 12살에 불문佛門으로 출가해서 내 집보다 훨씬 큰 사원에서 수백 명의 도반과 같이 생활하니 갑자기 다른 세계에 온 듯했다. 다만 도량의 청규가 워낙 엄격해 평상시 다른 방에 가거나 외출하거나, 장난이나 놀이 등이 엄격히 금지됐다. 나는 하늘도 안 보이는 작은 방을 배정받아 밖에서 무슨 일이 나는지 전혀 알 수 없었다. 따라서 지식이 궁핍했음을 미뤄 알 수 있을 것이다. 반대로 좋은 점은, 아침저녁의 법당(殿堂) 예불과 금빛 찬란한 대웅보전 및 법당 중간에 모셔진 장엄한 부처님 성상聖像 등이 나의 불교에 대한 신심을 한껏 고취시켰다.

마음을 일으키고 생각을 움직이다

나는 진링(金陵: 현재 난징) 서하산 서하사栖霞寺에서 삭발 출가했다. 이른바 '육조성지六朝聖地, 천불명람千佛名藍'의 불교 성지다. 하지만 그 당시는 나이가 어려서 서하사의 지리·역사 및 현황을 이해할 수 없었다.

도량에서 매년 3월 3일 춘계향회春季香會를 맞이하면 많은 사람들을 동원해서 청소하고 쓰레기를 버리고 신도를 안내하는 등의 일을 시켰다. 이때는 설날이 지난 지 얼마 안 돼서, 일을 하면서 사찰 내에 아름다운 옷을 차려 입은 많은 남녀대중을 보았는데, 순간 눈앞이 밝아지면서 인간 세상에 천인(天人: 천상에서 내려온 사람)과 같은 사람들도 있구나 하고 생각을 했다. 특히 그들의 미소 안에서 예불하는 사람은 몸에서 상서롭고 선량한 활력이 뿜어져 나온다는 느낌을 받았다. 돌연 '불교는 나같이 작은 방에 갇혀 암담한 세월만 보내는 것이 아니라, 본래 장엄 화려하고 웅장한 것이로구나' 하는 생각이 스쳐갔다.

사찰에 온 신도들은 경건한 신앙심을 표시하기 위해 많은 물품을 가져와 대웅전의 부처님께 공양했다. 내가 우연히 그들이 물건을 싸던 낡은 신문지를 주워 내용을 읽어 보니 실로 경천동지할 내용들이 있었다. 내가 아는 한정된 글로 신문을 보니 일부 바깥세상(사회)의 상황을 알 수 있었는데, 알고 보니 세상은 넓고 수많은 일들이 진행되고 있다는 것이었다.

개중에는 특히 전 국민이 장개석蔣介石에게 하루빨리 일본에 대항하라는 보도 내용과 왕정위汪精衛가 월남에서 난징평화정부 수립을 준비하고 있으며, 전국 청년들은 국가를 위해 투쟁해야 한다는 내용이었다. 사람들의 시시비비를 가릴 수는 없었지만 신문에서는 청년들이 국가를 위해 희생하고 투쟁할 것을 호소하고 있었다. 이를 보고 갑자기 어린 마음에 '나도 불교를 위해 희생하고 분투할 것이다'라고 생각했다.

지금의 현대 청년들에겐 낡은 신문 한 장이 별 것 아닐 수 있지만,

그 당시 나에겐 세상을 향하는 문이었다. 낡은 신문 한 장으로 내 정신은 각성을 했다. 낡은 신문 한 장으로 인해 나는 바깥세상으로 나가서 시대와 더불어 앞으로 전진해야 된다고 생각했고, 불교를 위해 봉사와 혁신을 해야 된다고 생각했다. 이때가 내 '신불교운동'의 씨앗이 마음속에서 돋아나고 뿌리 내리는 시기였고, 출가 후 불교부흥을 위한 최초의 기심동념(起心動念: 마음을 일으키고 생각을 움직임)의 순간이었을 것이다.

후에 중일전쟁이 터지고 서하불학원의 사범학원 책들이 각 지역으로 흩어졌다. 우리는 도량의 청규를 생각할 겨를도 없이 사방으로 책을 찾으러 다녔다. 책 회수에 많은 인원이 참여해서 수집한 책자가 작은 도서관을 차릴 만큼 몇 상자나 나왔다.

도반 중에서 내 나이가 제일 어려 평상시 도량에선 나에게 회수한 책들을 지키는 일을 시켰다. 다행인 것은 이 직무로 인해 나는 이 도서관의 관리원이 됐고, 덕분에 많은 책을 읽을 수 있었다.

처음 읽은 책 제목이 『정충악전精忠岳傳』이었는데, 책에서 나온 글자나 뜻을 전부 이해는 못했지만, 악비岳飛의 '정충보국精忠報國'과 그의 아들 악운岳雲의 '쌍추대요주가진雙錘大鬧朱家鎮', 그리고 악비와 그의 사위 장헌張憲이 함께 금나라 명장에 대항하다 후에 간신에게 위해를 당한 일 등의 영웅적인 이야기를 흥미진진하게, 때론 흥분하면서 읽었던 기억이 난다.

하지만 안타깝게도 도서관에 이런 책들은 얼마 없고, '만유문고萬有文庫'나 서양소설은 내가 이해를 못해 볼 수가 없었다. 대신 통속적인 민간소설, 예를 들어 『칠협오의七俠五義』·『탕구지蕩寇志』·『봉신방

封神榜』·『수당연의隋唐演義』·『유림외사儒林外史』·『노잔유기老殘遊記』 등을 읽었다. 나중엔 내가 이해하는 책이라면 뭐든지 굶주린 듯 식사와 취침도 잊은 채 읽었다.

1, 2년 후엔 『수호전』·『삼국연의(삼국지)』·『서유기』 및 『몬테크리스토백작』·『젊은 베르테르의 슬픔』·『그림동화집』 등 국내외 서적을 읽고 이해할 수 있었다. 이 낡은 도서관은 내 지식의 보고였으며, 그 안에는 보물이 가득했다. 이때까지 나는 불법은 못 배웠으나 흥미진진한 책들을 많이 보았고, 책 속 인물들의 영웅적인 사적들은 내 인생에 지대한 영향을 끼쳤다.

나중에 선생님은 내가 소설을 좋아하는 것을 알고는 소설 읽는 것을 금지시켰다. 대신 『능엄경』·「대비주」·『아미타경』·「88불 예불」·「몽산시식蒙山施食」 등을 외우게 하고, 『성유식론成唯識論』과 같은 불교서적을 공부하게 했다. 하지만 불교학은 심오하고 이해하기 어려웠다. 오히려 수많은 중국의 문학과 역사 작품들이 나의 흥미를 자극해 읽게 되었고, 점차적으로 지식이 증진되고 사상도 많이 깨우쳤다.

그 당시 불교계도 서서히 권선서(善書)를 인쇄하고 기증하는 일이 시작되었다. 예를 들면 『안사전서安士全集』·『옥력지보초玉曆至寶鈔』·『인광대사문초印光大師文鈔』 등이 있었다. 나도 신청했지만 내겐 큰 영향이 없어 책을 보지는 않았다. 나중에 자항慈航 법사의 강연집을 접하면서 경로敬老와 불교를 사랑하고 옹호하는 진정성이 느껴져 감동받고 배울 가치가 있다고 생각했다.

그 밖에 도반으로부터 태허 대사에 관해 얘기를 듣고 그를 따를 생각을 했다. 불교를 위하는 일이라면 분신쇄골하더라도 절대 후회하지 않겠다고 생각했다. 특히 학원에서 연설대회를 할 때 내 도반들이 열과 성을 다해 불교의 부흥을 위해 분투하겠다고 외칠 때 나도 뜨거운 피가 끓어올라 연단에 올라 연설을 하고 싶었다. 하지만 열정만 가지곤 될 일이 아니었다. 현실을 돌아보면 불교부흥의 기지가 어디 있는지도 몰랐다. 불교부흥의 영도자인 태허 대사는 닿지 않은 먼 곳인 충칭(重慶)에 계셨다. 하지만 나는 확연하게 불교부흥은 피할 수 없는 명제인 것을 알고 그 책임을 다할 준비를 했다.

이 시기에 나는 초산불학원에서 학업 중이었지만 아는 지식이 빈약한 편이었다. 같이 공부하는 선지식 도반 중 지용知勇 법사가 있었다. 그는 문文·사史·철哲·불학佛學에 능했고, 특히 무예를 잘하고 정의감이 넘쳐서 친구로 지내는 것은 좋았지만, 성격이 강해서 내 이상적인 추종 인물은 아니었다.

나와 뜻을 같이하며 불교를 위해 분투하겠다던 도반들인 개여介如·신여愼如·보련普蓮·실권實權·능배能培·송풍松風·송천松泉·유춘惟春 등은 각자 있는 곳은 달랐지만 서신을 왕래하며 서로 의기투합했다.

마음속에 따뜻한 빛을 품고(曖曖含光)

이때 나는 돌연 불학원에서 공부하면 나의 포부를 실행할 수 없다는 생각이 들었다. 좀 더 도전적인 곳을 찾아 미래를 창조하고 싶었다. 그래서 과감하게 학업 포기와 『강소일보江蘇日報』 문예부간의 편집자 일을 그만두고 은사님께 처음 출가한 사찰로 돌아가게 허락해 달라고 청했다.

원래 은사님은 내가 전통에 도전하고 저항하길 좋아하는 걸 아시고는 나를 별로 좋아하지 않았다. 나를 탐탁지 않게 여기던 스승님께서는 내가 돌아간다고 하니 무척 기뻐하시면서 난징으로 와서 같이 내가 출가한 본사(祖庭)로 가자고 했다.

그 당시는 출가한 지 거의 10년이 되었고 항일전쟁도 끝났는데, 출가본사에는 한 번도 간 적이 없었다. 내 마음의 고향인 본사는 천당과는 거리가 먼, 보잘것없고 낡은 조그마한 사찰이었다. 평소 그곳에서는 사형師兄인 금관今觀 법사가 네다섯 명의 인부들을 데리고 농사일을 하는 것이 일상이었다. 나는 과거 서하율학원에서 선생님으로부터 '농민학'을 배운 적이 있어서 본사의 땅 6,000여 평을 현대적인 방식으로 운영하고 싶었다.

내가 미래를 위해 계획을 수립할 때쯤 설날이 다가왔다. 성함이 임지붕任志鵬이란 선생 한 분이 스승님이 본사로 돌아왔다는 얘기를 듣고는 특별히 새해 인사차 절로 찾아왔다. 그는 내가 난징의 불학원에서 공부했다는 얘기를 듣고는 나에게 사찰에서 멀지 않은 곳에 있는 초등학교 교장을 맡아 달라고 요청했다.

솔직히 말하면 난 어릴 때부터 정규교육을 못 받았고 초등학교도 못 가 본 사람인데, 어떻게 초등학교 교장을 맡을 수 있겠는가? 하지만 난 거절하지 않았다. '하면서 배우면(做中學)' 된다고 생각했다. 특히 이 당시 나의 신불교 이상理想은 '자기 스스로 자급자족하고 사회복지 증진에 이바지하자!'였다. 농장이 있으면 생산할 수 있고 사회복지도 할 수 있다. 학교가 있으면 사회를 교화教化하고 기초교육을 하면서 불교와 사회에 공헌할 수 있다고 생각했다. 이러한 출가생활이 진정 의미 있고 목표 수립에도 적합하다는 생각이 들어 나는 흔쾌히 교장직을 수락했다.

농가에서 태어나 농경생활에 대해 약간의 기억은 있지만 학교 운영은 아는 것이 별로 없었다. 초산불학원에서 공부할 때 사찰에서 초등학교 세 군데를 운영해서 매 학기마다 선배님들이 견습하러 갔다. 그 밖에 상하이의 남상초등학교에선 출가승을 담임조교로 모시고 싶어 했다. 나는 비록 견습할 기회가 없었지만 마음속으로 견습할 경우를 대비하고 준비했기 때문에 학교 운영에 대해 약간은 개념을 갖고 있었다.

그러나 이론만 있고 경험이 없어도 안 되었기에, 개학을 한 달여 남겨놓고 상하이와 난징에 있는 도반들에게 연락해 '초등학교 교사 되는 법'·'초등학교 교장 되는 법'과 같은 책을 보내 달라고 했다. 나는 도반들이 보내준 책을 받고는 열심히 탐독하고 연구하였으며, 한 달 후에 초등학교 교장으로 취임했다.

이때 스승님은 서하산으로 돌아가셨고, 개학과 함께 고난도 찾아왔다. 간혹 주변 학교에서 주최하는 국어·연설·미술 경연의 초대장을 받았다. 나도 배워가는 과정에 있는데 어떻게 그 많은 경연에 대해 알겠는가? 여기까진 괜찮았다. 이 당시에 국공내전(國共內戰: 국민당과 공산당 내전)이 터져 낮에는 국민당군이 찾아와 공산당 섬멸에 협조를 당부하고, 저녁엔 공산당의 인민해방군이 찾아와 국민당군의 주둔지 정보를 요구했다. 가엾은 내가 막 도착해서 시골길도 잘 모르고 뭐가 국민당이고 공산당인지도 몰랐지만, 조금만 소홀하면 목숨을 잃을 수 있다는 것은 알 수 있었다.

나는 사태의 심각성을 의식하고 조심했지만, 간간이 주변에서 암살 소식이 들려왔다. 심지어 도반과 친구들, 예컨대 송풍·송천이 불교홍법 내용의 벽보를 붙였다는 이유로 체포되기도 했다. 그들을 체포한 것이 국민당인지 공산당인지 난 모른다.

그때 지용 법사가 내게 용기를 주려고 의롭게 학교로 찾아와 나를 도와서 『노도怒濤』 잡지를 편집해 주었다. 우리는 불교계 인사들의 수구적이고 완고하고 집착적이며 향원(鄕愿: 대인관계가 두루 원만한 척하며 아래위를 속이는 것)한 사상을 배척하기 위해 『노도』 잡지를 통해 문자의 힘을 빌려 불교를 개혁하고자 했다. 『노도』가 출간되자 '홍수와 맹수'처럼 불교계에 큰 충격을 주었다.

다행인 것은 우리가 멀리 떨어진 벽지인 이싱(宜興, 장쑤성 우시)에 있어서 불교계 인사들의 공격은 안 받았지만, 내전이 우리 같은 청년들에게 가져다준 고난들이 하나둘씩 다가왔다. 나의 많은 도반들이 각지에서 체포되고 구타당하고 형벌을 받았지만, 우린 서로를 구할 수 없다는 걸 알고 있었다. 심지어 하루는 내가 심야에 긴 몽둥이와 칼을 든 십여 명의 사내들에게 체포당했다. 누가 나를 체포하는 건지 물을 수도 없고 움직일 수도 없는데, 같이 체포된 사람 중 두 명이 그날로 총살당하고 그 다음날 세 명이 끌려 나가 참수됐다. 다행히도 나를 아끼는 한 사형이 돈으로 간수를 매수해 나를 빼내서 간신히 목숨을 구할 수 있었다. 그때까지 초등학교 교장을 1년 정도 하고 있었지만 도저히 지탱해 나갈 수가 없어서 지용 법사와 상의하고 같이 난징으로 돌아갔다.

한 푼 없이 열 번째 출간된 『노도』 잡지 몇 권만 가지고 우리는 난징으로 향했다. '하늘은 사람의 길을 끊지 않는다(天無絶人之路)'고 했던가. 난징 화장사華藏寺에서 퇴임하여 은거하시는 음운蔭雲 화상을 만났다. 화상께선 후임자의 불미스런 행실로 인해 원래 큰 사찰에서 운영하던 학교·서점·식수공장이 황폐화되고, 땅도 팔아서 남은 것이 거의 없다고 했다. 그러면서 화상은 우리에게 맡아서 할 생각이 있냐고 물었고, 우리는 마침 갈 곳이 없던 차에 기꺼이 수락했다.

나와 지용 법사는 누가 주지를 하고 누가 감원監院을 할 것인지 상의했는데, 서로 상대에게 떠미는 바람에 명분을 따지지 않고 공동으로 맡아서 이곳을 신불교를 추진하는 기지로 삼기로 했다. 나중에 능배·유춘·정산 스님이 각지에서 왔고, 실권 스님도 보타산普陀山에서 와서 합세했다.

하지만 모두가 화장사에 모인 후에 하나의 심각한 문제에 봉착했다. 화장사에는 이미 20여 명의 출가승이 머물고 있었는데, 이들과는 서로 존중하며 간섭을 안 하기로 했었다. 하지만 이 승려들은 오로지 재만 지낼 뿐, 늘상 아침저녁 예불에 참석하지 않았다. 게다가 어떤 이들은 불전이 어디 있는지도 모르고, 외박하고 절에 돌아오지 않으며, 평시에 방안에서 시끄럽게 노래를 하는가 하면, 심지어 군인·경찰·여자들까지 빈번하게 출입해서 사원이 마치 큰 합숙소와도 같았다.

우리처럼 뜨거운 피를 가진 젊은 승려들에게 이런 생활이 곱게 보일리가 없었다. 그래서 사찰에 새로운 기풍을 마련하고자 승가규약을 만들었다. 예컨대 모든 사찰에 기거하는 사람은 필히 아침저녁 예불을 해야 한다. 사회와 사찰은 유별하니 승려가 아닌 사람은 사찰에서 잠을 잘 수 없다. 삼시세끼를 본인이 직접 해서 먹거나 외부에서 사와서 먹는 것을 금하고 도량에서 주는 것만 먹는다. 산문 출입 시 필히 허가를 받아야 한다. 매월 타는 단은(單銀: 출가자가 쓰는 최소한의 돈)과 친전(嚫錢: 시줏돈)는 반만 주고 나머지 반은 사찰에서 대신 보관하되, 나중에 사찰을 떠날 때 반환해 준다.

새로운 생활규약이 공표된 후 처음엔 그들도 우리가 신불교사상을 가진 사람들이란 것을 알고 항의하지 않았다. 하지만 시간이 흐름에 따라 여기저기서 항의의 목소리가 들렸다. 우리는 사찰 사정이 어렵다는 핑계로 매일 죽만 먹도록 해 자진해서 사찰을 떠나게 했다.

잠시 사찰에 머물던 군인권속들은 뿔뿔이 쓰촨(四川)·광저우(廣州)·타이완 등지로 옮겨갔다. 하지만 방이 절대 모자란 상황에서 몇몇 사람은 떠나기 전 기거했던 방을 남에게 파는 행위를 해서, 우리는 그런 부당한 행위를 하지 못하게 제지했다. 사찰에 잔류하던 수십 명의 재받이(재만 지내는 중)들은 부당행위를 하는 사람들 편에 서서 그들의 짐을 옮겨 주고 서신 전달도 도맡아 했다. 순간적으로 사찰에 신·구 세력으로 구분되는 두 개의 파가 생겼다. 매일 같이 경찰·헌병·불량배들이 출입하여 사찰이 사찰같지 않았고, 우리가 의지하는 정부는 우리까지 돌볼 힘과 여유가 없었다. 그래서 운명적으로 우리의 신불교운동은 실패를 맞을 운명이었던 것이다.

후에 부작의傅作義가 주관한 국공협상國共協商이 베이징에서 열려 우리는 일말의 희망을 기대했다. 지용 법사가 수개월 동안 심혈을 기울여 소집한 '승려구호대'가 막 활동을 개시하려 할 때 국공협상이 결렬됐다는 소식이 전해졌다. 지용 법사는 승려구호대를 나더러 통솔하라고 했다. 책임을 넘겨받긴 했으나 아무것도 몰랐던 나는 스승님에게 도움을 청했고, 스승님은 사상자를 다루려면 군사교육을 받아야 한다고 했다. 이에 손립인孫立人 장군에게 도움을 부탁해서 우리는 순조롭게 타이완으로 건너오게 된 것이다.

흐르는 물 따라 나부끼는 바람 따라(萍飄蓬轉)

이렇게 해서 1949년 봄, 춥고 보슬비 내리는 날에 나는 난징에서 경호선京滬線 기차에 몸을 실어서 상하이로 갔고, 다시 황포강黃浦江에서 배를 타고 타이완으로 오게 됐다. 흔들리는 배에서 타이완이 어디에 있는지도 모른 채 항해하다가 도착한 곳이 지룽(基隆) 항구 연안이었다. 나는 앞날에 어떤 상황이 기다리고 있는지 전혀 예측할 수 없었다.

기왕에 타이완에 왔으니 타이완 불교계가 어떤 상황인지 이해할 필요가 있었다. 내가 알기로 타이완의 불교는 정성공鄭成功이 (네덜란드로부터) 타이완을 광복한 전후시기에 중국 민난(閩南) 지방 승려들이 처음으로 뿌리 내린 것으로 알고 있다. 통계에 의하면 청나라 시절 타이완에 백여 개의 사찰이 있었는데, 그중에 1662년에 세운 타이난(臺南) 죽계사竹溪寺가 역사적으로 최초이면서 가장 오래됐고, 개원사開元寺·법화사法華寺와 더불어 당시 타이완의 3대 명찰로 불리고 있었다. 나중에 청나라 말기 일제강점기가 되자 전체 타이완 불교계는 푸저우(福州) 용천사湧泉寺 출신 승려들이 주류를 이루었고, 이들이 대강산大崗山·관음산觀音山·대호산大湖山·월미산月眉山 등의 4대 종파를 만들었다. 이들은 모두 중국의 사찰 건축양식을 본떠서 사찰을 건축했는데, 초기 타이완에선 꽤 규모가 있는 사찰들이었다.

초기 타이완 불교에는 출가 승려가 많지 않았고, 출가한 승려 중에 교육을 받은 사람도 드물었으나 모두 계율을 엄격히 지키는 사람들이었다. 후에 일제강점기 하에서 일부 타이완 인사들이 일본불교로 출가했고, 일본의 동해이성東海夷成은 타이완 남부에서 많은 타이완 불교신자를 받아들였다. 그 당시에도 일부 반일열사들이 있었는데, 예컨대 여청방余清芳·라준羅俊·강정江定 등은 종교 신앙의 힘과 결합해서 대대적으로 항일운동을 펼쳐 나갔다. 이를 역사에서는 '서래암사건(西來庵事件: 시라이안 사건. 1915년에 타이난에서 일어난 대규모 항일무장봉기)'이라 부르는데, 비록 사상자가 엄청나게 많았고 희생이 매우 컸지만, 이 사건으로 인해 엄청난 항일의 풍조가 일어났다.

드디어 항일전쟁이 끝나고 타이완은 광복되었다. 중국에서 대성大醒·남정南亭·자항慈航·동초東初·백성百聖 등의 승려들이 잇달아 타이완으로 건너왔다. 또한 나중엔 우리 승려구호대 수십 명도 건너왔는데, 처음엔 모두 의지할 곳이 없었으나 점차 각자 스스로 알아서 안신처를 찾아 나갔다.

승려구호대가 뿔뿔이 흩어진 후 나도 의지할 곳이 필요해서 타이중(臺中) 보각사寶覺寺에서 감원監院을 맡고 있는 선배 대동大同 스님을 찾아가서 의탁하고자 했다. 하지만 내가 도착하자 그는 간첩 혐의로 이미 홍콩으로 피신한 상태였다. 그 후로 나는 백성·대성·자항 법사를 찾아갔으나 인연이 닿지 않았다.

후에 중리(中壢) 원광사圓光寺에서 묘과妙果 노화상을 만났는데, 그 분은 명실상부한 타이완 불교계의 어른답게 만면에 미소를 띠고 온

화한 말씨로 나를 받아주셨고, 이런 인연으로 그분을 따르게 되었다. 하지만 나는 타이완 입국허가증이 없어 호적을 올릴 수 없었는데, 감사하게도 전 타이베이 시장 오백웅吳伯雄 선생의 부친이자 전 타이완성 참의원 오홍린吳鴻麟 선생의 신원보증으로 정식 호적을 올릴 수 있었고, 그 인연으로 오 선생 집안과는 깊은 연을 맺고 살아왔다.

당시 그런 인연이 없었다면 난 지금쯤 세계 어느 곳에서 정처 없이 떠돌든가, 아니면 지옥 어느 염라대왕전 앞에서 배회하고 있을지 알 수 없는 일이다!

원광사에 거주하면서 매일 환경 청소·화장실 청소·물 길러 오기·물건 구매 등 노동으로 대중을 위해 봉사하면서 잠시나마 정착할 수 있었다. 묘과 노화상은 내가 걱정 없이 생활할 수 있도록 해 주었으나, 내 안전은 보장할 수 없었다. 진사수陳辭修 선생이 주도하는 타이완성 정부가 중국 대륙에서 건너온 모든 출가인을 체포하라는 명령을 내려서 자항慈航·율항律航 법사 등 두 명은 투옥됐고, 나도 체포되어 23일 동안 옥고를 치렀다. 이것이 내 인생에서 두 번째 옥살이였다.

경찰에 체포된 것 때문에 내가 갓 편집한 『각군覺群』 잡지가 태어나기도 전에 폐간됐다. 『각군』은 상하이시 불교회에서 발행하는 태허대사의 불교혁신사상이 핵심인 잡지이며, 대동大同 법사가 타이완으로 건너와 나에게 편집과 출간을 맡겼는데, 생각치도 않은 사태로 첫 출간과 더불어 소멸된 것이다.

태허 대사는 1945년 항일전쟁 승리 후 정부와 같이 난징으로 돌아와 초산焦山에서 '중국불교회회무인원훈련반中國佛教會會務人員訓練班'

을 개최했다. 당시 나도 참가해서 다행히도 태허 대사를 친견할 수 있었다. 불교의 혁신은 불교회부터 정돈해야 한다는 사실도 알고 있었다. 이때 중국불교정리위원회가 난징에서 제1차 대회를 열고 태허 대사를 초대 회장으로 추대할 계획이었지만, 불행하게도 태허 대사께선 상하이에서 입적하셨다. 소식을 전해 듣고 나는 마치 불교의 말법末法 시대가 온 것처럼 세상이 암담하고 빛이 사라진 느낌을 받았다.

본래 나는 태허 대사가 영도자로서 충분히 자격이 있다고 여기고 그를 추종할 생각이었다. 돌연 접한 대사의 입적 소식에 난 한참동안 식음을 전폐하고 혼이 나간 듯 살았고, 마치 부모님을 잃어버린 듯 큰 상실감에 빠졌다. 나중에 불교를 태허 대사 한 사람에게만 의지해서는 안 된다는 생각이 들어, 그 당시 스리랑카대학에서 가르치고 있던 법방法舫 스님에게 희망을 걸었다.

당시 나는 타이완에 있었고 법방 법사를 알지는 못했지만, 열정을 가지고 꾸준히 서한을 보내 타이완으로 들어와 중국불교회 회장을 맡고 불교를 구해 줄 것을 간청했다. 불행하게도 얼마 후 그가 누군가에 의해 교실 복도에서 살해됐다는 소식을 접했다. 이 소식을 원광사에서 듣고 하늘이 무너지는 것만 같아서 좁은 방에 틀어박혀 울었고, 3일 동안 식음을 전폐하고 향후 누가 불교를 이끌고 가야 하는지 몰라 매우 우울하고 슬펐다.

법방 스님은 중국 민난 지역 출신으로 우창(武昌)불학원에서 공부하고 인도에서 유학했다. 또한 태허 대사의 제1 상좌이기도 하다. 그의 급작스런 사망 소식은 옛날 황제가 후계자 없이 사망한 것과 같은, 불교의 큰 불행이었다.

당시 타이완 불교계에는 자항·동초東初 스님 두 분만 숭고한 이상을 지니고 있었지 다른 사람들 대다수는 보수파였다. 특히 타이완에선 신도교神道教가 성행해, 사람들이 신神과 불佛을 분간 못했고 평소에 마조媽祖·왕야王爺에게 제사 올리는 것만 알았지, 부처의 명호가 무엇이며 가르침이 어떤 의미인지 전혀 알지 못했다!

이런 상황 하에서 출옥한 후에도 나는 흔들림 없이 잡지 편집을 계속했고, 각 신문과 기타 잡지에도 투고하고 방송국을 위해 방송 대본도 써줬다. 1950년 묘과 노화상께서 관할구역이 타오위엔(桃園)·신주(新竹)·먀오리(苗栗) 세 곳인 신주불교회의 이사장을 맡으셨는데, 타이완 불교계에서 공문을 쓸 만한 인재가 없어 내게 비서를 맡아 달라고 하셨다. 나중엔 노화상의 지시에 따라 먀오리의 깊은 산속과 산야에서 3개월을 살았다.

이맘때 타이완 민간에선 '바이바이(拜拜: 타이완 및 중국 민난 지역에서 명절날 행해지는 민간 제례의식)'가 성행했고, 정부는 국민들의 사정을 깊이 이해 못한 채 단속에만 혈안이었다. 이러한 정부의 조치에 대해 나는 반대했다. '바이바이'는 민간신앙의 기초일 뿐만이 아니라 농경사회에서 전해져 내려온 사회적 유산이기도 하다. 사람들은 이를 통해 서로 친목하고, 일에서 잠시 해방되며 몸과 마음을 추수를 수 있으니, 충분히 존재가치가 있다고 나는 생각했다.

더군다나 당시 고관대작들이 나이트클럽에 가서 춤추고 술 마시며 놀기를 즐겼는데, 이것이 '바이바이'와 뭐가 다른가? 민간의 바이바이 풍속이 비록 도덕적 범주에는 못 들고 순수한 종교신앙도 아니지만, 사람들은 바이바이를 통해 다음해 혹은 내생을 위해 더욱더 근면해지려고 노력한다. 작금에 고관대작만 먹고 마시는 것을 허락한다는 것이 나는 매우 맞지 않다고 생각했으며, 그러므로 바이바이를 단속만 하지 말고 개선을 유도하는 것이 옳다고 생각했다.

이러한 나의 제안을 정부 당국자가 받아 주기를 희망했으니, 내 생각에 사회 화합과 발전 촉진에 내가 기여한 바가 없다고 할 수는 없을 것이다.

그 외에 중국 경극京劇 명인인 고정추顧正秋 여사가 주연한 경극이 불교를 모욕한 부분이 있어 나는 잡지 기고를 통해 지적한 적이 있고, 국립타이완대학의 임효봉林曉峰 교수가 불교는 신도교神道教라고 평가절하해서 내가 또한 글로써 반박했다. 심지어 당시 사회의 일부 사람들이 불교가 소극적이고 출세出世적이며 생산성이 없는 것이라며 근거 없는 비방을 해서 나는 항상 그들과 펜으로 싸웠다. 나는 모든 능력을 발휘해 글로써 불법 보호와 불법 전파 촉진에 혼신의 힘을 다했다.

1951년 나는 대성大醒 법사의 부름을 받고 신주강습회의 교무주임을 맡게 됐다. 교사진을 꾸리기 위해 나는 중국석유공사 먀오리출광갱연구소(苗栗出礦坑研究所)의 이항월李恒鉞·허외문許巍文·정도유程道腴 등의 대학교수들을 주말강사로 초빙했다. 지식인들과 왕래하면서 나는 많은 현대과학 지식을 얻을 수 있었다. 그중 신주사범학교의 관개도關凱圖 선생님은 물리·화학과 역사를 가르치셨고, 자투리 시간을 이용해서 내게 일본어 문법을 가르치셨다. 그 인연으로 나는 일본 모리시타 다이엔(森下大圓) 교수의 『관세음보살보문품 강화講話』를 중국어로 번역할 수 있었다.

당시의 시대적 상황은 우리에게 가르치고 글 쓰는 것 외에 별로 허락된 것이 없었다. 내가 중리 원광사에 방부를 들인 시절, 매일 시장에 가서 장을 보면 누군가가 항상 미행했다. 후에 신주에서 간혹 홍법하고자 외출하려면 파출소에 미리 신고해야만 했다. 기본적으로 정치권에서 가하는 압력으로 인해 불교는 숨을 쉴 공간이 없었고, 중국에서 건너온 수많은 우수한 출가인들이 어쩔 수 없이 환속하고 각자도생하기도 하고, 심지어 더 많은 사람들이 마지막엔 홍콩의 풍도산豐道山에 몸을 의탁했었다. 풍도산은 기독교에서 불교 승려들을 흡수하기 위해 설립한 기구였다.

당시는 불교의 사회적 지위가 매우 낮았고 출가인은 존중받지 못했다. 일반적으로 상가商家에서는 스님이 탁발하러 오는 것을 보면 통상 주인장이 안 계시다면서 내보내기 일쑤였고, 도처에서 사람들이 스님들을 깔보았다. 이토록 불교의 암담한 처지가 끝이 어디인지도 모르는데, 하물며 신불교 촉진에 대한 생각을 할 수 있었겠는가?

하지만 다행스럽게도 1952년 겨울과 1953년 봄에 우리가 이란 뇌음사로 홍법활동을 갔을 때 드디어 새로 시작할 수 있는 전기를 맞이하였다. 당시의 정치 분위기가 아직도 구태의연하고 불교는 아직도 추운 겨울에 있었지만, 내가 추진하는 신불교운동이 발전할 수 있는 공간이 만들어진 것이다.

고목이 봄을 만나다(枯木逢春)

처음 이란에 와서 매번 『각군覺群』과 『보리수菩提樹』 잡지를 위해 각 두 편의 문장을 기고하는 것 외에도, 자주 요청을 받아서 타이중·원린(雲林)·자이(嘉義) 등지의 성황묘城隍廟·마조궁媽祖宮을 돌면서 포교를 했다. 후에 차츰 나는 국어보충학습반·문예작문반·청년단·불교합창단 등을 만들었으며, 이상이 높고 열정적인 청년들을 뇌음사로 보내 불법을 배우게 했다. 그들이 오늘날의 심평心平·자장慈莊·자혜慈惠·자용慈容·자가慈嘉 스님들이다. 그들이 나를 따라 농촌에 내려가 홍법하고, 방송국·구치소에서 포교하고, '불교문화봉사처'도 설립했다. 후에 이들 모두 출가해서 나를 도와 불광산을 창건하였고, "교육으로 인재를 양성하고, 문화로 불법을 홍보하고, 자선으로 사회복지를 이루고, 공동 수행으로 모든 이의 마음을 정화한다"는 4대 목표 아래 불교학원 개설·각종 불교서적 출판·양로원 개설·육아원 개설·빈곤층 돌봄·의료봉사·재난구호 등 많은 홍법활동을 했다.

당시 나는 불교는 반드시 각종 사업을 만들어 청년들을 들어오게 해야 하고, 인재가 있어야 사회복지를 이룰 수 있고 사회의 인정을 받을 수 있다는 생각을 했다. 나는 불교와 청년은 서로 필요한 존재라고 믿고 "불교는 청년이 필요하고, 청년은 불교가 필요하다"고 외쳤다.

과연 청년들은 나의 기대를 저버리지 않고 홍법의 행렬에 합세해 불교의 중견간부로서 의기양양하게 각종 홍법활동을 전개했으며, 불교의 홍법 공간을 크게 넓혔다. 그들은 점차 많은 사회 인사들이 불교를 신앙하게 만드는 밑거름 역할을 톡톡히 해 냈다. 서서히 신도대중들이 많아지면서 나의 신불교운동도 점차 실현되고, 드디어 불교의 오래된 나쁜 관습이 개혁되고, 불교의 청년화·지식화·현대화·인간화가 이루어지고, 궁극적으로 국제화까지 됐다.

하지만 말처럼 이러한 과정이 쉽지가 않았고, 중간에 어려움이 많았다. 나는 농촌·공장·학교·기관단체에 들어가서 포교해야 한다고 주장하고, 청년들을 이끌고 길거리와 농촌에서 포교활동을 했다. 당시 마조궁과 성황묘 광장 및 농민들이 농작물을 말리는 공터에 가서 기름 드럼통 위에다 나무 판때기 두 장을 얹어서 즉석 무대를 설치하고 홍법을 했다.

이렇게 간단한 포교활동도 때론 경찰이 제지하고 때론 타종교가 보이콧하는 바람에, 매번 밖으로 나가 포교활동을 하는 일이 결코 쉽지가 않았다. 경찰을 피해 다니고 각종 장애요소까지 배제해야 했으므로, 포교하기 전에 미리 단원들이 차를 몰고 확성기로 "우리 불교가 왔어요!" 하며 방송하고 다녔다. 그 구호를 들을 때마다 설명할 수 없는 감동을 느끼곤 했다.

당시의 객관적인 환경은 무척 어려웠다. 정부의 계엄령 실시와 기독교의 탄압으로 불교가 홍법할 수 있는 공간은 매우 작았으나, 나의 신불교 실현을 위해서는 일일이 돌파할 수밖에 없었다. 한번은 내가 방송국에 '홍법 프로그램'을 제작 방영하려 하자, 정부에서 승려는 방송에 출연할 수 없다고 제지해서 좌절됐다. 하지만 나는 굴하지 않고 계속 노력한 결과, 드디어 1979년에 타이완 중화TV(CTS)에서 불교역사상 처음으로 TV 홍법 프로인 「감로甘露」가 방영되었다.

그 후 중국TV공사·타이완TV공사에서 『신심문信心門』·『성운선화星雲禪話』·『성운법어星雲法語』·『성운설게星雲說偈』 등의 프로를 제작했다. 나는 비단 방송국에 진출한 첫 번째 출가인일 뿐만 아니라, 지상파 방송국 3사에 연이어 출연한 기록도 세웠다. 훗날 불교계에서 많은 분이 방송매체를 통해 오늘날까지 홍법활동을 하고 있고, 국내

외에서 많은 방송매체들이 불교 프로그램을 송출하고 있다.

TV 홍법 못지않게 학교 홍법도 많은 노력 끝에 겨우 봉쇄를 뚫을 수 있었다. 1955년 나는 타이완대학의 초청을 받아 강연하기로 했었다. 하지만 강연 당일 돌연 취소됐다는 연락을 받았는데, 이유는 '불교는 대학 캠퍼스에 들어갈 수 없다'였다.

하지만 나는 낙담하거나 좌절하지 않고 오히려 일본의 미즈노 고겐(水野弘元) 교수를 초청해서 타이완의 각 학원에서 강의하도록 했고, 차례로 각 대학에 불교 동아리를 만들었다. 나는 정확하고 편리한 방법으로 각종 장애를 배제했다. 현재까지 타이완의 각 대학에서만 나에게 강연을 요청한 것이 아니라 전 세계의 유명 대학들, 예컨대 미국의 코넬·예일·하버드·버클리·하와이·캘리포니아대학, 그리고 싱가포르 국립대학과 이안(義安) 이공대학, 호주 골드코스트본드대학, 홍콩 중문대학과 이공대학 등에서도 강연한 적이 있다. 1989년에는 중국으로 홍법 및 친지 방문차 갔을 때 베이징대학의 요청을 받고 공산권 국가에서 처음으로 공개 강연하는 출가비구가 됐다.

그 당시엔 군대도 불교 금지구역이었다. 허나 당시 참모총장이던 학백촌郝伯村 선생이 나를 초청해서 부대에서 포교할 수 있었고, 군인들의 불교학습 붐도 일으켰다. 특히 1988년에 초청을 받고 진먼(金門)·마주(馬祖)를 방문해 불교학 강좌와 귀의의식을 주관하기도 했다. 그 후 국방부의 초청을 받아 한 달 동안 연속적으로 육해공 삼군 사관학교와 헌병대·군사학교·개혁훈련센터 등에서 홍법을 했다. 내 발자취는 타이완 본토와 진먼·마주·플라타스 군도(東沙群島)·펑후(澎湖)·뤼다오(綠島)·란위(蘭嶼)·샤오류추(小琉球) 등 도처에 남아 있다. 내 여정에는 군 당국이 차량·군용기·군함 제공 등 최대한 예우해 줬다. 나 같은 일개 화상和尙이 이와 같은 특별 대접을 받을 수 있었던 것은 다 부처님의 광명 덕이므로 불법의 존귀함을 새삼 다시 생각하게 된다.

불법의 전파와 보급을 위해 나는 TV·학교·군대에서 포교하는 것뿐만 아니라, 교도소에서 단기출가수도회를 개최하기도 했다. 이외에도 사회의 각기 다른 대상들을 향해 각종 포교활동을 펼쳤다. 예를 들면 아동반·부녀법좌회婦女法座會·청년회를 개최했고, 동시에 대학·아동·노인·교사 등을 상대로 여름캠프를 개최했다. 나는 '인간위성TV'를 창립했고, 『인간복보人間福報』를 창간했으며, '불광연미술관' 및 '불광연적수방'을 설립했으며, 나아가 '세계불학회고(불교학 시험)'을 개최해서 독서를 장려하면서 서향書香이 넘치는 사회를 만들고자 노력했다. 더욱이 '소재담선素齋談禪'를 창립해서 사람들로 하여금 채식 만찬회를 통해 불법에 대해 말함으로써 수 년 동안 많은 사회인을 교화하여 불법을 배우게 했다.

크게 허물고 크게 세우다(大破大立)

나는 여러 불교사업을 만들고 각종 홍법활동을 하면서 불교의 일부 잘못된 풍습에 대해 일일이 개혁해 나갔다. 우선 불교에는 마땅한 제도가 없었고, 불교도는 흩어진 모래알처럼 결속력이 없었다. 복장이 통일되어 있지 않을 뿐더러 출가·체도剃度·전계(傳戒: 계법을 전하는 것)·교육 등에도 모두 엄밀한 제도가 없어 폐단이 발생할 수밖에 없었다.

이에 비추어 나는 1967년 불광산 개산과 동시에 「육화경六和敬」의 계율과 총림청규에 근거하여 각 항별로 불광산의 조직규정을 직접 손으로 작성하고, 인사관리를 포함한 각종 제도를 수립했다. 나는 "서열은 등급이 있다, 상벌은 제도가 있다, 직무는 이동할 수 있다"와 "집단창작, 제도가 이끈다, 여법하지 않으면 하지 않는다, 불법만이 유일한 의존이다"라는 운영준칙을 정했다.

일찍이 대허 대사께서 제시한 '삼혁三革'(교제教制 · 교산教產 · 교의教義의 개혁)과 인광印光 대사의 '삼람三濫'(계법을 함부로 전함 · 함부로 제자를 받아들임 · 함부로 방부를 들임)을 통해 불교의 일부 현상을 이해했고, 이로써 불교혁신의 이념이 싹텄다. 후에 불광산 개산 이래 나는 '어떻게 불광인이 될 것인가'와 연관된 글을 쓰면서 아래와 같이 12조의 문규門規를 제시해서 불광산 제자들의 행동준칙으로 삼도록 제시했다. 그 내용은 다음과 같다. "일정 기간 내에 삭발한다, 속가에서 잠을 자지 않는다, 재물 거래를 안 한다, 승려의 윤리(僧倫)을 더럽히지 않는다, 사사로이 제자를 받지 않는다, 사사로이 재물을 모으지 않는다, 사사로이 도량을 건립하지 않는다, 신도와 사사로이 사귀지 않는다, 사사로이 탁발하지 않는다, 사사로이 청탁하지 않는다, 사사로이 제물을 쌓지 않는다, 사사로이 음식을 만들지 않는다." 불광산이 발전함에 따라 잇달아 '사고(師姑: 승려에 준하는 출가인) 제도' · '교사教士 제도' · '직원 제도' · '친족 제도' 등을 제정했다.

규칙과 제도를 규정하는 것 외에도, 나는 불교가 소극적인 '부정'에서 적극적인 '긍정'으로, '안 돼'에서 능동적인 '주다'로 사고의 전환이 필요하다고 생각했다. 그래서 "사람에게 신심을 주자 · 환희를 주자 ·

희망을 주자·편의를 주자"라는 네 가지를 제시해서 불광인의 행동신조로 삼게 했다.

내 생각에 불교는 '사섭법四攝法'과 '주다(給)'를 통해 신도들을 이끌어야 된다고 생각한다. 일찍이 인도에서 불광산으로 공부하러 온 상가신다(桑加仙達) 법사가 학업을 다 마치고 인도로 귀국하였다. 후에 불광산에서 특별히 인도 현지로 가서 도로포장·상수도관 설치·여성신도 도량 건설 등 많은 일을 했다. 그리고 인도의 남성 신도도 불광산에서 불법을 배우고 인도로 돌아가 여행사 운영을 매우 성공적으로 하고 있는 사람이 있다. 불광산이 이들을 육성하는 것은 반대급부를 바라는 것이 아니라, 오로지 인도불교가 다시 부흥하기를 원하는 마음뿐이다.

이외에 포교를 위해 라다크에 몇 번 다녀온 적이 있었다. 해발이 높아 숨이 가빴지만 홍법을 위해 그들과 끊임없이 대화하고 며칠 동안 체류하면서 삼보에 대한 귀의의식까지 주재했다. 지금 많은 라다크 청년들이 불광산불학원에서 공부하는 것도 그 당시 맺은 인연과 관련이 있다.

불교의 근본은 교육과 문화에 있다고 나는 생각한다. 불광산은 교육과 문화를 중시해서 우선 타이완에서 서래·남화·불광대학을 건립했고, 호주에는 남천대학이 건립 중이다. 동시에 『인간복보』를 발행하고 '인간위성TV'도 개국하고 '불광문화공사'도 설립했다. 그렇다고 어린이 돌봄과 빈곤구호 자선사업을 게을리 하지 않았다. 각종 홍법활동과 불교사업의 추진에 따라 불교가 점차 인파 속으로, 가정 속으로, 인간 속으로, 국제 속으로 들어갈 수 있었고, 이것이 바로 오늘의

'인간불교'가 된 것이다.

과거엔 불교가 사찰 안에서 머물었다면, 지금은 가정·사회·생활 속으로 보급되었으니, 이 모두가 '인간불교'를 제창한 덕이다. '인간불교'의 핵심이념은 생활과 결합해서 중생을 이롭게 하고 사람들이 향유할 수 있도록 한다는 것이다. 불교가 사회로 향하려면 생산에 종사해야 하고, 출가자는 적어도 세 개의 면허와 세 가지 특기는 가지고 있어야 된다고 나는 얘기한다. 그것은 주지·총무·기획·행정·설법·문장 쓰기·건축·운전·컴퓨터 등을 다루는 것을 포함한다. 특히 주지를 평생 할 수 없으니 후임 승려가 승계하도록 해서 세대교체를 이루도록 했다. 그래서 나도 1985년 불광산 주지 자리에서 물러나 심평心平 법사에게 전해 주었는데, 이는 바로 불교 민주화의 모범으로 수립되기를 바라는 마음에서이다.

과거 불교계에서 각 사원들끼리 신도를 서로 빼앗고, 재가신도가 사찰의 재산을 사유화하는 일들을 보면서 나는 "신도를 불교에게 돌려주고, 사찰 재산을 불교회에 돌려주라"는 주장을 했다. 나는 신도가 귀의할 때는 어느 특정 스님에게 하는 것이 아니라, 불법승 삼보에게 하여 정신正信 불제자가 되는 것이라고 생각한다. 따라서 귀의의식을 거행하는 것은 불교의 신도가 늘어나는 것이지 어느 개인 승려의 신도가 늘어나는 것이 아니다.

심지어 어떤 사찰에서는 승려들이 각자의 제자를 받고, 각자의 제자들은 자기 스승을 옹호한다며 다투는 일도 봤다. 교단의 분열을 피하기 위해 나는 "모든 출가인은 다 스승이다"라고 주장했다. 그래서 불광산에선 모든 제2세대 출가인은 제3세대 출가인의 스승이며, 따라서 무슨 사부師父니, 사백師伯이니, 사숙師叔이니 하는 구별이 없으니 자연히 사찰 내 파벌의 분쟁도 발생할 수가 없다.

불광산에서 나는 특히 '남녀평등'을 주장하고 '팔경법八敬法'을 반대한다. 현대에 고등교육 받은 많은 여성들이 팔경법에 가로막혀 불문佛門으로 차마 못 들어오는 것을 보고는 불교의 크나큰 손실이라고 생각했다. 비구니의 지위 향상을 위해 나는 특별히 자장慈莊·자혜慈惠·자용慈容·자이慈怡·자가慈嘉·의공依空·의엄依嚴·의순依淳·달화達和 등의 제1세대 비구니 스님들에게 『불광대사전』을 주관하여 편집하라고 주문했다. 10년의 시간을 거쳐 완성된, '불교백과전서'로 일컬어지는 대사전은 불교 연구의 가장 좋은 도구이며, 1989년에는 국가우량도서상인 '금정상(金鼎獎)'을 받았다. 특히 양안(타이완과 중국)이 처음 교류를 시작할 때, 중국불교협회 회장인 조박초趙樸初 거사가 『불광대사전』을 중국에서 출판할 수 있도록 판권을 달라고 요청한 것만 봐도 불교계에서 이 불교백과사전을 얼마나 중시하는지 알 수 있다.

또한 제2세대 출가승인 여상如常 스님이 독자들의 세계불교미술에 대한 이해를 돕기 위해 현재 『세계불교미술도전』을 편집하고 있다. 이 전서全書는 미술학과에 따라 분류되는데, 각각 건축·석굴·조각품·회화·캘리그래피·수공예·인물 등 20권으로 나눠지며, 권당 대략 50여만 자字로 구성돼 있다. 내용은 세계 오대주에서 수집한 2만여 점의 그림과 1만여 줄의 설명이 수록돼 있다. 중국어와 영어로 한 문장으로 한 그림 또는 다수의 그림을 해설하는 형식으로 구성돼 있으며, 필요할 땐 그림을 보충해서 설명하고 있다. 세계불교미술을 연구하는 사람에겐 가장 귀한 책이다.

나는 '남녀평등'만 주장하는 것이 아니라 '사중공유(四衆共有: 사부대중 공유)'도 주장한다. 그래서 1991년 '국제불광회중화총회'를 설립했고, 다음해 미국에서 '국제불광회세계총회'를 설립해서 세계 곳곳에 있는 재가불자들이 불교를 위해 봉헌할 수 있는 무대를 마련했다.

특히 내가 불광회를 위해 '단강사檀講師' 제도를 마련한 일은 불교의 일대 개혁이며 혁신이라 할 수 있다. 과거에 불교는 출가인만 권위가 있고 재가신도 대중은 영원히 불제자로 남아 있을 수밖에 없었다. 그러나 나는 불법 전파는 승려와 신도가 같이 행해야 하는 것이며, 불교는 출가인의 전유물이 아니라고 생각한다. 중국불교는 대승불교의 성격을 띠고 있는데, 대승불교의 4대 보살인 지장보살만 출가상出家相을 나타내고, 관음·문수·보현보살은 모두 재가상在家相을 나타내고 있다. 심지어 유마 거사·승만 부인도 설법說法하지 않았던가. 현대 신도가 왜 홍법을 못하는가? 왜 현대 신도가 유마 거사가 될 수 없는가? 위에 열거한 내용을 참고하면 『유마경』이 왜 보편적으로 통할 수 없는지 알 수 있다. 내가 불광산 승단을 창건하고 절실하게 불광회 교단敎團을 조성했던 이유는 승단과 신중信衆은 "마차의 양쪽 수레바퀴와 같고, 새의 양 날개와 같다"는 말과 같이, 협동해서 불법을 전파해야 된다고 생각하기 때문이다.

뿐만 아니라 나는 사찰 건축도 개혁을 했다. 신도들이 부처님께 예불 드리는 대웅전 외에도 객당(客堂: 거실)·회의실·다과실·도서관·연구실·컴퓨터실을 증설했다. 타이완의 첫 번째 강당인 '뇌음사雷音寺'도 내가 창건한 것이다.

나는 평상시 불교도가 염경念經만 하고 독경이나 불교 강의를 못하는 것을 보고는, 과거 1년 365일 아침마다 예불시간에 고정적으로 독송했던 「능엄주」를 매일 새 경문 한 개씩을 독송하게 하고, 끝난 후 2시간 동안 돌아가면서 한 사람씩 강의하도록 해서 1년에 천 부의 경전을 공부할 수 있게 했다.

나는 사찰에 아침저녁 예불시간 조절(뒤로 지연) 및 수륙내단水陸內壇 불사 시간을 낮 시간으로 바꾸고, 회의를 시작할 때 「삼보송」을 부르고·삼시세끼 식사 전에 「사구게四句偈」를 외우게 하는 등 의식제도 개선에도 심혈을 기울였다. 나는 일생 동안 삼보절三寶節 추진에도 힘을 쏟았는데…, 그것은 음력 4월 8월 '부처님 오신 날'·7월 15일 '승보절(우란분절)'·12월 8일 '법보절(성도재일)'이다.

부처님 오신 날을 국정휴일로 제정하기 위해 당시 정부에 건의했고, 1999년 국회에서 안건 통과가 되어 당시 이등휘李登輝 총통이 국정휴일로 공식 발표했다. 10년 후인 2009년 5월 10일 국제불광회는 타이완 총통부 앞 대로에서 '국정 부처님 오신 날 및 모친절 대회'를 주최했다. 10만 군중이 모인 가운데 당시 마영구馬英九 총통이 현장에서 축사를 했고, 이로써 불교의 또 다른 이정표가 탄생한 것이다.

과거 불교는 '오명(五明: 고대 인도의 다섯 가지 학술)'을 중요시했으나, 현재의 불교는 오로지 '불법으로 불법을 해석한다'는 구태에 빠져 세상의 요구에 응하지 못하고 있다. 나는 세상의 법과 불법을 융합하면 더 좋다고 생각한다! 내 자신이 문예소설을 쓸 자격요건을 갖추고 있진 않지만, 홍법을 위해 부득이하게 백화(白話: 간단 용이한 구어체 언어) 산문체로 위대하신 부처님의 행의行誼를 『석가모니불전』에 담았다. 이야기 필법으로 나 자신을 큰 종·목어·해청(법복)·가사로 화신化身해서 『소리 없는 노래』 등을 썼다.

산문 외에도, 내 법명 '성운'으로 시를 다음과 같이 지어봤다.

밤에 나는 저 하늘에서 반짝이는 별들을 사랑한다네.
낮엔 하늘에 떠다니는 구름을 사랑한다네.
어떤 밤이건 하늘엔 별이 나타나고
어떤 낮이건 하늘엔 떠다니는 구름이 있다네.
별들은 어둠을 겁내지 않고, 구름은 흐린 날을 겁내지 않는다네.
반짝이는 별들은 인생을 넓힐 수 있고
조각조각 구름은 자유를 상징하네.
꽃이 좋으나 항상 피지를 못하고
달이 아름다우나 항상 둥글지는 못하며
오직 별만이 요염한 자태를 만고에 늘 새롭게 나타낸다네.
푸른 하늘은 푸르나 늘 푸를 수 없고
태양은 따뜻하나 자유롭지 못하네.
오로지 구름만이 우뚝 선 산들도 가는 길 막을 수 없나니
밤에는 아름다운 별이 있고, 낮에는 떠다니는 구름이 있네.

내가 처음 '대좌강경大座講經'에서 부처님께 공물 올리고 프로그램 공연 등의 내용을 마련한 것은 '해행병중(解行並重: 불심과 불행 어느 쪽도 치우침 없이 하다)'에 효과를 보기 위한 것이었다. 그리고 '게어교창偈語敎唱'·'설창홍법說唱弘法'은 다양한 풍모로 각기 다른 계층의 신도

들을 인도하기 위함이었다.

나는 석가탄신 만찬·석가탄신 카드 제작·부처님 오신 날 화차花車 행진·불교소총서 발행·불교합창단 결성·불교음악 녹음·불교기념품 추진 등 많은 일을 추진했다. 그 당시 한 꿰미 염주가 수천수만 꿰미가 되고, 작은 불상 카드 한 장과 작은 불상 하나만으로도 우리의 불교를 사회와 가정에, 모든 이의 마음속에 가져다주었다.

불법은 세상에 있다

인간불교 전파와 신불교 이상 실현을 위해 나는 다년간 타이완 본토와 도서지역을 안 가본 데가 없다. 세계 오대주를 포함한 아프리카 스와질란드도 가봤다. 천하문화원견사업군天下文化遠見事業群 설립자 고희균高希均 교수는 나에 대해 이렇게 말했다. "성운대사는 일생 동안 불교와 사람의 마음을 개혁했고 세상을 변화시켰다." 사실 나는 단지 부처님을 따라했을 뿐이고, 부처님을 대신해서 불법을 오대주에 전파했을 뿐이다. 일찍이 난 스스로에게 이렇게 약속을 했다. "중생제도의 자비원을 품고, 몸은 법의 바다(法海)와 같으니 배를 묶지 않으리라. 평생 무엇을 구하는지 묻는다면, 불광이 오대주를 비추는 것이 소원이라네."

이제 출가한 지 1갑자(60년)의 세월이 흘렀는데, '오대주 홍법'의 소원을 완성해서 다행이다. 돌이켜보면 나는 12살에 출가한 이후부터 줄곧 불교혁신을 생각했다. 왜 혁신을 해야 했을까? 어떻게 해야 했을까? 솔직하게 말하면 당시에 나는 몰랐고 이해도 못했다! 하지만 출가할 기회가 있으면 불법 전파를 잘 해야 되고 불교의 잘못된 관습이나 폐단 등 불교 발전에 장애가 되는 것은 일일이 개혁해야 된다고 느꼈다. 그래서 오랜 세월 동안 나는 확실히 제도·교육·문화·홍법·관념·의식규범·사업 등 많은 방면에 개혁을 했다. 그중에는 다음과 같은 것들이 포함되어 있다.

제도개혁 측면: 민주적인 투표방식으로 주지 선출·출가인 승격 평가·'친족회'와 '공덕주회' 설립·'단강사' 제도 제정·사찰 기능 다원화·중국불교회 인가 없이 불광산 독자적으로 삼단대계三檀大戒 전수 및 중국불교회의 '단결하지 않고·뇌물 받고·서둘러 재받이 하는 것' 등의 폐단에 대한 개혁을 했다.

교육개혁 측면: 45년 동안 신입생이 끊이지 않은 불학원佛學院을 처음으로 창설하고 세계 오대주에 각기 분원을 세웠다. 그 외에 서래西來·불광·남화南華·남천南天 등 여러 사회대학과 도시 불학원·승만서원勝鬘書院·지역 사회대학 등을 설립했다.

문화개혁 측면: 여러 미술관 설립. 불교문학서적 편집 및 대장경 재편집을 했다.

홍법개혁 측면: 가무歌舞를 통한 불교 전파·TV 홍법·『인간복보』 발행·운수서차雲水書車 및 부녀법좌회婦女法座會 설립·원거리 수업 채택을 했다.

관념개혁 측면: '예불'을 '행불行佛'로 대체하고, '좋은 일하자·좋은 말하자·좋은 마음 갖자'는 삼호三好운동을 제창하고, '너는 크고 나는 작다·너는 옳고 나는 틀리다·너는 있고 나는 없다·너는 행복하고 나는 고생한다'를 처세의 준칙으로 삼았다. '바쁜 것이 영양이

다'·'신도를 위해 보시'·'신도 보시로 재물 축적'·'자원 봉사자의 봉사자가 되라'·'불법을 배우는 것은 개인이 청정 수련하는 것이 아니라 대중을 위해 봉사하는 것' 등등의 이념을 출가인이 수행하는 준칙으로 삼았다. '오계五戒는 불가침'·'내가 부처다'·'마음의 본존本尊 건립'·'업보는 생명의 비밀번호'·'선행을 하고 악업을 저지르지 않은 것이 DNA 개량이다'·'자기의 귀인이 되라' 등으로 불법을 새로이 해석했다.

의궤儀軌개혁 측면: 단기출가 개최·불교식 혼례·보리가족·청소년 성년식 및 1박2일 재가在家 오계五戒와 보살계菩薩戒를 전수했다.

복지개혁 측면: 승중僧衆을 위해 휴가·의료·수행 등 복지증진책 제정, 공익신탁기금 조성을 통해 여러 사회공익사업에 종사했다.

불교개혁에 대한 내 생각은 무조건 오래된 것들을 타파하거나 타인을 무너뜨리고 나를 옹립하는 것이 아니라, 신구新舊 불교의 융합이 중요하다고 생각한다. 비록 불교혁신을 주장하지만 불교의 좋은 전통은 전혀 배척하지 않는다. 예컨대 과거엔 신도들이 음력 초하루와 보름에 사찰에 와서 불공을 드렸지만, 나는 '토요염불수행'을 제창했다. 이에 매주 토요일 밤엔 타이완의 각 도량뿐만 아니라 전 세계 불광산 도량에서 염불수행을 한다. 과거 신도들의 왕생往生불사는 예불참회하고 독경을 하거나 심지어 시아귀施餓鬼를 했지만, 나는 '수당초천(隨堂超薦: 법당에 위패를 모셔놓고 매주 토요일 신도들이 함께 예불 독경을 하면서 망자를 천도하는 의식)'으로 대체했다.

나는 한 사람이 돈을 부담하면 버거우니 신도들이 수행할 때에 인연이 닿는 사람이 함께 보시하면 좋겠다고 생각했고, 그러면 보시한 그 본인의 부모님이나 조상님도 천도된다고 생각했다.

나는 평생 재받이를 하지 않았고 문화홍법을 매우 중시했다. 처음 타이완으로 건너와 불교의 신앙의식도 매우 중요하다고 생각해 '약사법회' 및 '광명등법회'를 제창했다. 이 세상 중생들의 토대가 틀리고 득도得度의 인연이 다 다른데, 내가 안 한다고 남이 하는 것을 비난할 수는 없는 것이다.

당초 석가모니 부처님의 혁명도 마음 밖이 아닌 내심內心을 향한 혁명, 타인을 향한 것이 아닌 자기에게 향한 혁명, 미움이 아닌 자비로운 마음으로의 혁명, 폭력이 아닌 진리로 사람들을 설복說服시키는 혁명을 했다. 그러므로 나는 부처님을 따라 영원히 불법으로 중생들에게 축복하고, 공덕을 사람들에게 나눠주고, 불법을 대중에게 남겨주고, 일체를 불교 장엄화莊嚴化에 쓸 것이다. 나는 별다른 명의名義가 필요 없고 다만 한낱 행각승行脚僧이 되고 싶을 뿐이다. 아무것도 소유하고 싶지 않고 다만 고독한 승려(孤僧)로 만릿길을 유랑하고 싶을 뿐이다. 벗이 동반하는 것도 싫다, 다만 혼자 천하를 돌아다니며 여행하고 싶다.

난 한결같이 '무無를 유有로 여기고, 후퇴를 진보로 여기고, 대중을 나로 여기고, 공空을 낙樂으로 여긴다'는 인생관을 봉행했다. 나는 공무空無를 간직하고 구름 한 점 가져가지 않으며, 어디를 가도 상관하지 않고 하루 방부 들이는 생각으로 가고, 누구든 내가 필요하면 나는 '한 집에 있으면 그 집안을 보호하고, 한 나라에 있으면 그 나라를 보호한다'는 생각으로 응해 준다. 나는 선심禪心과 깨달음이 내 생명의 벗이 되고, 인연에 따라 편안하게 다니고, 자유로이 오가며, 생사를 근심하지 않고, 남에게 신세지지 않기를 소망한다.

미래에 대해, 나는 끝이 없는 세계를 향해 용기를 내어 앞으로 나아간다. 끝이 없는 인생을 향해 나는 쉼 없이 전진해 간다.

아직 불교를 접하지 못한 사람들과 선연善緣을 맺기를 희망한다. 불법이 인간 세상에서 실현된다면, 내 평생소원도 이루어지는 것이다.

◆ 본문출처: 2011년 『합장인생 2-8, 나의 신불교운동』

◆ 성공적으로 사업을 시작하려면 필히 이상을 견지해야 한다. 꿈이 이루어지려면 절실하게 실천해야 한다.

◆ 생명을 위해 역사를 남기는 것은 깨달음의 공덕이다. 신도를 위해 자비를 남기는 것은 봉사의 선연善緣이다. 도량을 위해 신앙을 남기는 것은 정진精進의 발심發心이다. 인간 세상을 위해 공헌하는 것은 잊기 어려운 추억이다.

_ 본문출처: 『불광채근담』

제2권

'자학'에 기대어 기능을 강화하기

기본적인 생활능력이든

전문직 능력이든

자학自學은 능력 획득에 가장 좋은 방식이다.

자발적이기 때문에 자율성이 있고

지속적으로 자신을 강화하고 개발하기 때문에

풍성한 미래를 가질 수 있다.

❖ 나의 글쓰기 인연

나는 출가인으로서 불교교리를 조금 아는 것밖에 없고, 불교에서 가장 필요한 범패 염불에 관해서라면 낙제점이다. "범패 염불을 할 줄 알면 향香내음이 구름을 이루고 도처에서 재식齋食을 먹는다"라는 말이 있는데, 출가인이 범패 창송을 하면 도처에서 환영받는다. 그런데 하필이면 내가 음치라서 「향운개香雲蓋」도 못 부른다. 이런 나의 부족함 때문에 사실 불교에서 밖으로 뻗어 나가는 것은 힘든 일이었다.

그 대신 나는 타고난 근면성과 문학 및 글쓰기를 좋아한다. 초산焦山에서 공부할 때 쓴 작문을 선생님이 초사抄寫해서 장쑤성 회진강(江蘇省會鎮江) 신문에 발표했을 정도였다. 나는 원래 시 짓기와 작문(詩詞歌賦)을 배운 적이 없으나, 초산이 양자강揚子江 중심에 위치해서 가끔 저녁식사 후 모래사장에서 산책을 하면 왕발王勃의 작품 중 「등왕각서滕王閣序」에서 나오는 구절이 떠올랐다. "떨어지는 노을은 외로운 들오리와 함께 날고, 가을의 강물은 긴 하늘과 하나의 색을 이루는구나." 나는 매번 그 아름다움을 느끼며 짧은 시를 써서 각 신문사에 기고했고, 그때마다 신문에 실려서 나에겐 큰 격려가 되었다.

인생의 길은 아주 많다. 이 길이 아니면 저 길로 가면 된다. 관례에 얽매이지 말고 자신의 우매함에 의기소침하지도 말라. "어리석은 자도 잘하는 것이 있다"라고 하지 않던가. 그리하여 내가 문학에 흥미를 키우듯, 흥미도 나를 성장시켰다.

글짓기에서 편집까지

기왕 글짓기를 좋아하니 편집까지 배워보자고 생각했다. 그래서 매월 나 자신만을 위해 『나의 정원』이란 글을 쓰고 편집했다. 일반 간행물과 똑같이 발간사發刊詞, 사설, 강좌, 모노그래프, 수필, 신시新詩, 편집후기, 소설 등이 있었는데, 매월 아무리 공부가 바빠도 『나의 정원』을 시간에 맞춰 꼭 출간했다. 사실 이 간행물의 독자는 오로지 나 혼자였다.

초산을 떠난 후 처음 얻은 일이 이싱(宜興) 백탑白塔초등학교 교장이었다. 당시 나와 뜻이 맞고 글짓기 재주가 있는 도반 지용知勇 선배와 함께 월간 『노도怒濤』를 출간했다. 이름이 노도인 까닭은 포효하는 파도처럼 부패하고 낡은 악습을 깨부수고 불교의 본래 청정한 면모를 되찾겠다는 뜻이었다.

당시 시골에 인쇄공장이 없어 지용이 강판에 글을 쓰고 내가 발행할 수밖에 없었다. 우리는 매월 이 등사잡지 500부를 발행했다. 원래 이 잡지의 논조가 격렬해서 사람들이 관심을 안 가져주거나 불교계에 반감을 일으킬 줄 알았는데, 첫 출간 후 불교잡지의 권위지인 『해조음海潮音』에서 우리를 위해 찬조 광고 하나를 올리면서, "우리에게 또 다른 생명의 힘이 생겼다"라고 장려해 줘서 큰 힘이 됐다.

나는 은사이신 지개 상인志開上人께서 풍파를 일으킨다고 꾸짖을 줄 알았는데, 반대로 종이 500령(令: 1령=500장)을 주시면서 우리를 격려해 주셨다. 이 또한 우리에게 큰 힘이 되었다.

『노도』 잡지는 20여 기期까지 발간했는데, 당시 백탑초등학교 지역에 국공교전(국민당과 공산당 사이의 전투)이 격렬해졌는데, 현실적으로 살아남기 힘들어 부득이 난징으로 피신할 수밖에 없었다.

1948년 장쑤 쉬저우(江蘇徐州) 『서보徐報』에 왕 회장이 문화면 편집을 부탁해서 수락하고 제목을 '하광霞光'이라고 정했다. 하지만 1기가 끝나고 아쉽게도 '서방회전'(徐蚌會戰: 회해전역淮海戰役을 말함. 제2차 국공내전 후기에 중화민국군에 대항해 중국공산군이 벌인 3대 전투 중 하나)이 폭발하면서 이 짧은 문화적 경험도 생명을 다했다.

서방회전으로 난징은 위태로워졌고, 나는 앞길이 망망한 상황에서 승려구호대를 따라 오로지 목숨을 부지하겠다는 일념으로 타이완으로 건너왔다.

타이완에 온 후 타이중에서 선배가 『각군覺群』이라는 순간旬刊을 발행하고 있는 것을 알았다. 『각군』은 일본 항전 승리 후 태허 대사가 상하이에서 창간하신 잡지이다. 『각군』은 발행 부수가 많았고 불교개혁적인 잡지였다. 국공내전으로 인해 중국에서 계속 출간이 어려워 내가 초산에서 공부할 때 선배이고 당시 상하이시 불교회 비서였던 대동大同 스님이 책임지고 타이완으로 가져와서 재출간하게 된 것이다.

1949년 대동 스님이 간첩혐의로 홍콩으로 피신 갈 때 『각군』은 미출간된 상태였고, 아무도 어떻게 처리해야 할지 몰랐다. 내가 중국에서 글짓기와 편집 경험이 있다고 해서 대동 스님이 홍콩으로 가기 전에 다른 사람들한테 내게 편집장 직무를 맡기라고 당부했다.

이 잡지는 태허 대사가 불교혁신을 위해 창간하신 것이기에 나는 기꺼이 헌신과 봉사를 했다. 하지만 제1집 편집 출간 후 바로 경찰의 조사를 받게 됐다. 내가 거주하는 중리 원광사에 누를 끼칠 수도 있다는 걱정과, 또한 잡지 편집 때문에 경찰·안전인원과 마찰을 일으킬 수 없었기에 나는 타이중에 가지 않았다. 이어서 나는 타이중 보각사 주지인 임금동林錦東 스님에게 다른 사람을 찾아보라고 얘기했고, 결국 타이중도서관 총무주임 주비朱斐를 편집장으로 초빙해서 늦여름과 초가을 즈음에 잡지의 복간이 출간됐다.

뜻밖에 초판에서, 향후 『각군』 잡지는 인광 대사를 기리고 염불법문과 정토학설을 제창하겠다고 성명을 발표해 놓았다. 나는 중리 원광사에서 이 기사를 보고 대단히 불만이었다. 태허 대사나 인광 대사는 동격으로 존경하는 대덕이시지만, 그렇다고 장 씨 집안 사당을 이 씨 집안 사당으로 이름을 바꿔선 안 된다는 생각에, 편지를 써서 왜 태허 대사가 창간한 잡지에 인광 대사를 기리는 기사를 썼는지 물었다. 이는 도저히 묵과할 수 없는 일이었다.

나중에 알고 보니 주비 거사는 이병남李炳南 거사를 따라 불법을 배웠고, 둘은 인광 대사의 제자였던 것이다. 그(주비)는 내 편지를 잡지에 게재하고 내가 정토법문을 찬성하지 않는다고 했다. 사실 내 평생 불칠(佛七: 7일 동안 한곳에 모여 염불하는 정토 수행방법)을 백여 차례 이상 했고, 아침저녁 불공에다 토요일 공동수행까지 더하면 그 횟수는 훨씬 많을 것이다. 나는 '선정禪淨 공동수행'을 주창하고 '이해(解)는 일체 불법에 있고, 수행(行)은 선(禪: 참선)과 정(淨: 정토)의 공동수행에 있다'고 주장하는 사람이다. 주비 거사가 잡지에 게재한 기사의 인연으로 불교계에서 나에 대한 안 좋은 명성이 생겨났고 타이완에서 나의 홍법에 많은 곤란을 가져왔다.

후에 『각군』은 『각생覺生』으로 이름을 바꿨다가, 발간 1년 후 또다시 『보리수』로 이름을 바꿨다. 이것이 타이완에서 다년간 발행하고 있는 『보리수』의 유래다.

나는 『보리수』 출간 후 가끔 투고했고, 나와 주비 거사는 자주 만나면서 좋은 도반이 됐다.

전문기능의 강화

이때 내가 꾸준히 『각군』·『각생』·『보리수』에 투고해서 그런지 신베이터우(新北投)에 있는 동초東初 스님이 월간지 『인생』을 창간하고 내게 편집장을 맡아 달라고 요청했다. 이로 인해 원래부터 끊을 수 없는 나의 글짓기 인연이 계속 이어진 것이다.

6년 동안 간헐적으로 『인생』 잡지를 편집했지만, 『인생』 잡지로부터 원고지 한 장·우표 한 장이나 일체 거마비를 받지 않았고, 그때부터 불교의 문화를 위해 봉사를 시작했다.

나중에 동초 스님이 내게, "내 잡지가 성운 스님 때문에 유명해졌소. 이제 24페이지를 28페이지로 늘릴 것인데, 늘어난 4페이지를 성운 스님이 출자出資해서 만들어 보시오"라고 얘기하는 것이다.

나는 편집하는 재미 때문에 고생을 무릅쓰고 4페이지 자금을 마련했고, 심지어 이란 한 지역에서만 300여 명의 장기구독자를 소개해 줬다. 이게 모두 신도들의 도움과 구독신청 덕이다.

『인생』 잡지를 편집하는 동안 많은 것을 배웠다. 예컨대 화롄(花蓮)

대지진이 발생했을 때, 동초 스님이 함께 재난구호를 가자고 해서 난생 처음으로 재난구조에 대해 배우게 됐다. 그리고 그가 쓴 문장들이 외부와 충돌이 생길 때마다 내가 쓴 것이라고 외부에 알려서 나는 늘 그를 대신해서 논쟁을 막는 것을 배워야만 했다.

동초 스님의 불교평론, 남정南亭 스님의 불교 장편 문장, 자운煮雲 스님과 심오心悟 스님의 글짓기 동참 등 당시 불교계에서 『인생』 잡지는 매우 권위 있는 잡지였고, 나는 식음을 전폐할 정도로 잡지를 잘 만들려고 노력했다.

그 당시 나는 매달 두 번 이란에서 타이베이로 와야 했다. 한 번은 초고를 인쇄공장에 갖다 줘서 조판 교정을 하고, 며칠 후 다시 가서 최후 교정 및 인쇄를 하는 일이었다. 내 기억으로는 당시에 돈이 없어 휘발유 차를 못 타고 석탄 운반차를 탔는데, 이란에서 타이베이까지 도착하면 콧구멍에 석탄가루가 가득했다. 물론 지금 사람들은 상상하기 어려울 것이다.

후에 내가 『인생』 잡지를 위해 계속 일할 수 없었던 것은, 1957년 타이베이건강서국(臺北建康書局)의 장소제張少齊·장약허張若虛 부자가 불교 홍법을 위해 10일마다 1기期로 『각세覺世』 순간旬刊을 발행하는데, 나에게 총편집장을 맡아 달라고 요청했기 때문이다.

그들은 원래 '순보旬報'라고 제목을 정하려 했으나, 내가 정부 규정은 매주 출간하는 간행물을 '주보週報'라고 해야 된다는 것을 상기시키고, 우리는 10일에 한 번 출간하므로 '순간旬刊'으로 명명하는 것이 좋겠다고 건의했다. 『각세』 '순간'은 바로 이렇게 이름이 정해진 것이고, 그해 4월 1일에 첫 창간이 됐다.

『각세』는 4절로 된 신문 형식의 간행물이다. 이런 간행물이 내겐 처음이었지만 매우 도전적이었고, 하면서 배운다는 내 타고난 성격 때문에 더 열심히 했다. "하늘은 노력하는 사람을 저버리지 않는다"라는 말이 있지 않은가. 과연 편집 2, 3기 만에 이춘양李春陽이란 좋은 벗의 지도로 나 혼자서 편집을 잘할 수 있게 됐다.

나는 공평한 원칙으로 불교 각계의 뉴스와 활동을 보도했고, 공정한 정신으로 「운수루습어雲水樓拾語」를 써 불교의 시비득실을 논평했다. 당연히 『각세』는 불교 각계각층에서 주목받았고 발행도 매우 광범위하게 했다.

『각세』를 편집하면서 돌연 『금일불교今日佛教』라는 간행물이 정간停刊한다는 안타까운 소식을 접했다. 『금일불교』는 광자廣慈·자운煮雲 스님과 이춘양이 공동으로 발기한 아름다운 미술 간행물이다. 풍부한 사진들, 그림과 글, 탁월한 편집 등으로 당연히 독자의 환영을 쉽게 받을 수 있었다. 특히 중국 대륙의 금수강산과 불교의 고승대덕에 관한 내용도 실려서 모두가 좋아하는 간행물이었다.

『금일불교』가 출간 1년도 못 채우고 정간하는 이유는 경제적 문제가 아닐 수 없었다. 정간에 마음이 내키지 않던 사람이 여럿이 있었는데, 타이베이 선도사善導寺 주지 연배演培 스님과 감원監院인 오일悟一·묘연妙然 스님 등 8명이 사무위원회를 조성하고, 내가 집행편집장을 맡아서 『금일불교』 간행물을 다시 복간하는 데 노력했다. 이로써 나는 또 다른 직함을 걸고 편집과 글짓기 일을 했다.

개편 후 『금일불교』에서 나는 「우리의 선언」을 써서 이병남 거사의 찬사를 받기도 했다. 당시 계엄 상황 하에서 함부로 말을 못하는 사회적 분위기였으나, 불교 전파를 위해 나는 "우리는 불도佛道를 위해 목숨을 바치는 정신을 가져야 한다"는 문장을 썼다.

내가 『금일불교』를 편집한 지 2년도 안 돼 원原 발행인인 광자廣慈 스님이 다시 자기가 하겠다며 가져가서, 나는 다시 『각세』 순간에 전념할 수 있었다.

불광산에서 『각세』 순간을 접수한 후 40여 년 동안 휴간 한 번 없이 주교朱橋·진혜검陳惠劍·자혜慈惠·자이慈怡·의성依晟 등 여러분의 도움(편집)으로 현재까지 올 수 있었다. 순간은 매월 1일·11일·21일에 출간되는데, 나는 출간일 전에 필히 간행물을 구독자의 집으로 배달했고 한 번도 시간을 초과한 적이 없는 기록을 세웠다. 이런 것을 나는 시간을 엄수하는 성격이라고 스스로 자부한다.

『각세』 순간의 불교에 대한 가장 큰 공헌은 다음과 같다.

1. 지광상공智光商工 창건을 위한 모금 활동. 1965년을 전후해서 발간한 『각세』에 공덕주 방명록에 있을 것이다.

2. 불광산 개산 초기 건설에 도움을 줬다.

3. 사회 공론을 유발하고 정의 유지를 했다.

일례를 든다면, 1964년 스페인 투우를 타이완에서 공연하기로 했는데, 공연 끝에 소를 죽여야 하기 때문에 우리는 자비의 입장에서 반대의견을 냈다. 그 당시 입법원(立法院: 국회)에선 『각세』의 평론을 의식해 공연을 불허했고, 결국 피비린내 나는 공연을 저지할 수 있었다.

또 다른 예로, 당시 정부가 타이완 민간신앙이었던 3일 1대배(一大拜, 이다바이: 타이완의 민간제례의식)와 5일 1소배(小大拜, 샤오다바이)를 반대하고 단속했지만 내 생각은 달랐다. 이것은 단순한 종교적 문제가 아니라 민간사회의 문제라 할 수 있다. 국민들이 한 해를 고생하고 다바이바이(大拜拜)를 지내는 것은 친척이나 친구와 친목을 다지고 오락을 즐기기 위함이다. 만약 국민들이 바이바이(拜拜)를 하는 권리를 금지시키면서 고관대작들만 호의호식하고 희희낙락하는 것을 용인한다면 이는 매우 불공평한 일이라고 생각했다.

그래서 나는 이렇게 외쳤다. 바이바이를 '단속'해선 안 되고, 바이바이를 '개선'할 수는 있다. 바이바이를 '개선'하는 방법으로는 산해진미를 향·꽃·과일로 대신하고, 채식으로 제사를 지내면 살생을 안 해서 좋고 신앙도 유지할 수 있어 좋다. 나중에는 풍파를 일으킨 바이바이 문제가 내가 제시한 방법으로 인해 사회가 점차 안정됐다.

이 무료 간행물은 매 기期 별로 40만 부를 발행하고 세계 42개국 및 지역에 배포되며, 국내외 몇백만 불교도의 소통창구 노릇을 하고 있다. 2000년도에 『각세』는 『인간복보』에 편입돼 부간(副刊: 문화면이나 문화란)으로서 『각세/종교』로 『인간복보』에 기사를 내고 있다.

대담한 도전과 혁신

문장 편집은 매우 중독적이어서 나는 편집을 좋아했다. 이란에서 홍법할 때 현지 『국광國光』·『이란청년宜蘭青年』 잡지에 원고를 써주고, 나 스스로 또한 매 15일 1기期의 『연우통신蓮友通迅』을 발행했다.

당시 집안에서 중화인쇄창(인쇄공장)을 운영하던 청년 오천사吳天賜에게 위탁해서 인쇄했는데, 나중에 이러한 인연으로 그는 나를 따라 출가했다. 그가 바로 후에 불광산 제2대 네 번째 주지인 심보心保 화상이다.

말하자면 나는 타이완 출판업계의 발전에 다소나마 기여했을 것이라고 생각한다. 예를 들어 주교朱橋 선생이 나를 도와 『각세』와 『금일불교』를 편집할 때 『유사幼獅』 잡지에서 그의 능력을 인정하고 편집장으로 초빙해 갔다. 당시 나는 주교 선생에게 제목을 좀 크게 쓰고 내용은 너무 빽빽하게 쓰지 말라고 했는데, 『유사』가 출판되자마자 큰 반향을 일으켰고, 다른 잡지사들도 따라 해서 타이완 편집업계에 일대 개혁운동을 일으킨 셈이 됐다.

내가 처음 타이완에 왔을 때 『금일미국』이란 잡지를 모방한 『금일청년』이란 잡지가 있었다. 당시 중흥대학中興大學 진강조秦江潮 교수가 중리에 있던 나를 찾아와 해당 잡지의 편집장을 맡아 달라고 부탁했다.

내가 "나는 스님을 해야 합니다"라고 하니, 그가 "나라가 흥하고 망하는 것은 보통사람도 책임이 있습니다. 스님도 애국해야 됩니다"라고 했다. 내 대답은 "내가 스님도 제대로 못하는데 다른 일을 어떻게 잘할 수 있습니까?"라고 뜻을 굽히지 않았다. 마치 옛 고승 말씀에 "예전의 약속이 오늘로 다가왔기에 길 떠나기 전에 다시금 생각해 보았지만, 승려로서 산속에 살고 있어야지 나라 모임에서의 만남은 적절하지 않다"라고 한 것과 같다. 나는 그의 요청을 수락하진 않았지만 후에 그를 위해 가끔 글과 원고를 써줬다.

당시 그렇게 문장과 편집일을 좋아했던 이유가 무엇이었을까? 원고료를 받는 것이 주된 목적이 아니고 온전히 호법護法을 위한 것이었다. 예컨대 유명배우 고정추가 영락永樂영화관에서 경극공연을 했는데 내용이 불교에 대해 불리한 것이 있어, 나는 그녀 뒤를 봐주는 사람이 임현군林顯群이든 장경국蔣經國이든 상관없이 「미스 고정추에게 드리는 공개서한」을 써서 항의했다.

한번은 기자가 내게 "왜 그렇게 글짓기와 편집하는 것을 평생 멈추지 않느냐?"고 물었다. 내 대답은 이랬다. "문장은 끝없이 순환하고, 사람이 죽고 없어도 문장은 남아 있기 때문이지요. 한 사람이 편안하고 도움 되는 말 한마디로 인해 이번 생, 심지어 다음 생에도 불교에 대해 깊은 호감을 갖게 될 것이기 때문이지요. 글씨라는 매개체를 통해 이 시대 이 구역의 사람들뿐만이 아니라 몇천 년이나 몇만 년 후, 심지어 지구 혹은 우주에 다른 별의 중생들도 문자반야文字般若를 통해 실상반야實相般若의 오묘한 참뜻을 체득하게 될 것입니다."

1957년 나는 '매월인경每月印經'을 제창했다. 난해하고 이해하기 힘든 경문을 신식 문자 부호를 사용하고 행간과 단락을 새로 편집해서 마치 일반 소설처럼 불법이 사회대중에게 보편적으로 받아들일 수 있도록 한 것이다. 후에 나는 계속 보편화·생활화·예술화·취미화를 목적으로 『보문普門』 잡지를 창간하였다. 발행 20여 년 후인 2000년부터는 말레이시아에서 발행하게 되었다.

한때 우량도서금정상을 수상한 『불광대사전』은 1978년부터 10년간 편집해서 현대불교의 성전으로 거듭날 수 있었다. 봄이 가고 가을이 오고, 불광산에서 근 40년 동안 『아함장阿含藏』·『선장禪藏』·『반야장般若藏』·『정토장淨土藏』·『법화장法華藏』 등 총 198권을 완성했다. 내 생각에 16부 장경이 모두 완성되면 아마 천 권 정도가 될 것 같다.

오늘날 과학이 진보함에 따라 『불광대사전』과 『불광대장경』은 모두 디지털화되어 언제 어디서나 손쉽게 검색할 수 있고 비교할 수도 있게 됐다.

2000년에 불광산에서 『세계불교미술도설대사전』 편집을 시작해서 10여 년이 흐른 2013년에서야 출판하게 됐다. 그해 2000년 내가 여상如常 스님에게 『도설대사전』을 편집하는 데 돈이 얼마 필요하냐고 물어보니 1,000만 위안(타이완달러)이 필요하다고 했다. 나는 『호한성운浩瀚星雲』이란 책의 인세로 받은 1,000만 위안(臺元: 1타이완달러는 한국 돈으로 42~43원 정도)을 줘서 편집과 행정업무에 쓰도록 했다. 말로만 남에게 일을 시키지 말고 나부터 솔선수범해야 되는 것이다.

이 20권의 미술도전美術圖典 출간은 건축계·예술계·교육계·공예계에 상당한 공헌을 했을 것이다. 불교역사 측면에서 봤을 때 미술도전에 수록된 많은 예술적 표현으로 인해 불교가 세계문화에 끼치는 영향력은 결코 말살될 수 없다는 것을 알 수 있을 것이다.

『세계불교미술도설대사전』의 중국어판 출간 후 현재 영어판 출간을 위해 열심히 준비 중이며 2014년에 출간될 계획이다. 세계 각지에 있는 친구들, 미국·일본·한국·싱가포르·말레이시아·아이슬란드·덴마크, 특히 가장 많은 지지를 보내준 중국 대륙에 감사드린다.

앞에서 열거한 편폭이 큰 서적들의 편집 작업 외에, 불교학 연구를 독려하기 위해 나는 1976년에 『불광학보』를 창설했고, 불광산문교기금회 창립 후에도 매년 논문집 1권을 출판하고 있다. 이어 2001년부터 만과滿果 스님이 편집하는 『보문학보普門學報』에서 매월 1기期로 6년 동안 편집 출판하고, 매 기마다 나도 한 문장씩 공헌했다.

『보문학보』 외에 나는 양안(兩岸: 중국과 타이완)의 불교학자들을 초빙해서 공동으로 경율론經律論 중 중요한 저작들을 체계적으로 정리하고 백화문으로 번역해서 1999년에 132권의『중국불교경전보장정선백화판中國佛教經典寶藏精選白話版』을 출판했다.

기나긴 홍법의 과정 가운데에, 자주 불법을 못 배운 이유가 경전을 봐도 이해할 수 없다는 사람들을 많이 봤다. 만약 이들에게 백화문으로 된 경전이 있다면 불법을 배우는 게 훨씬 쉬워질 것이다. 그래서 난 항상 불교를 위해 백화경전을 편집하고 싶은 생각이 있었다.

하지만 불학佛學을 영어·일본어·한국어·스페인어·불어·독어 등의 언어로 번역하는 것은 매우 어려운 일이다. 어느 나라 언어로 번역해도 쉽지가 않다. 심지어 문어문文言文 불경을 백화문으로 번역하는 것도 간단치가 않다.

예컨대 모든 불경에서의 첫머리는 "여시아문如是我聞"으로 시작되는데, 이 말씀의 본뜻을 유지한 채 보는 이도 이해할 수 있게 백화문으로 번역하는 데 많은 고생을 했다. 후에 나는 오직 "『금강경』은 나 아난이 부처님에게 들은 것이다"와 "『법화경』은 나 아난이 직접 부처님에게 들은 것이다"라는 식으로 번역해야 원래의 뜻과 부합하다고 생각했고, 사색의 시간을 많이 보낸 후에야 비로소 과감하게 결정할 수 있었다.

사람들에게 경전 내용을 쉽게 이해시키려면 구마라집 대사가 의역意譯했던 것처럼 하는 것이 명백한 방법이다.

중국불교사의 4대 번역가 중에서 현장 대사와 구마라집 대사가 가장 특출하다. 한 분은 직역이고 다른 한 분은 의역이다. 구마라집 대사가 의역한『아미타경』·『법화경』·『금강경』·『유마힐경』등은 내용이 직접적이고 독송하기 쉬워 일반 대중들이 쉽게 받아들이고 광범

위하게 전해 내려져 왔다. 현장 대사도 『금강경』을 번역했고 뜻은 부합하나, 대중이 독송하는 데 곤란해서 전해 내려오지 못하고 아는 사람도 많지 않다.

그래서 나는 일찍이 의공依空 스님과 길광여吉廣輿 부부에게 내 뜻을 중국 학계에 전달해 불경 번역에 동참해 줄 것을 부탁했다. 자혜慈惠 스님에게도 부탁해 베이징에 많은 학자와 소통해서, 그 결과로 오늘날 양안의 120명 작가가 공동으로 번역한 『백화경전보장』이 탄생한 것이다.

백화문으로의 경전 해석은 매우 실험적인 돌파구였지만 작업 인원의 부족으로 성과가 마음먹은 대로 되지 않았다. 그럼에도 불구하고 당시 백화판白話版 경전 발행은 상당히 어려운 일이었으며, 불전佛典 번역 역사에 있어 한 페이지를 장식했다고 할 수 있다.

『백화경전보장』 편집 후 나는 중국의 많은 석·박사들이 불교학을 연구하고 있는 것을 알았다. 나는 그중에 400여 편의 논문을 골라 『법장문고·중국불교학술논전』을 10집輯 110권으로 집성해서 사상사·역사·제도·언어·문학·고고학·건축·예술 등 총 8대류의 내용으로 편집해서 출간했다.

베이징 수도사범대학의 정공양程恭讓 교수와 영명永明·영진永進·만경滿耕 등 스님들의 참여에 감사드린다. 이분들은 많은 힘을 쏟아서 『법장문고·중국불교학술논전』을 편집 완성하고 출판했다고 할 수 있다.

당연히 어떤 문장은 완전히 뜻대로 되지 않은 것도 있고 이해하기 힘든 것도 있다. 심지어 석·박사 중 불교에 입문하지 않은 사람, 비평의 시각을 갖고 쓴 사람, 불교를 곡해하는 사람도 있다. 허나 나는 그들의 논문을 원문 그대로 출판했다. 왜? 후대 사람들이 이 시대의 문화 산물이 이러함을 알게 하고, 반드시 후대 사람들이 연구할 수 있게 해야 하며, 이 시대의 역사가 소멸되도록 해서는 안 되기 때문이다. 이것이 내가 『법장문고』를 편집 출간하는 이유이다.

인재를 모으고 횃불을 전하다

내가 공부를 많이 못하고 교육도 문화적인 훈련도 못 받았지만 불교의 교육·문화에 대하여는 매우 깊게 심취되어 있다. 예컨대 처음에 『인간복보』를 창간할 때 많은 사람이 인쇄매체가 하향세에 있으니 하지 말라고 충고했다. 전엔 돈이 없어 각 신문에 판면을 사서 우리가 편집한 내용을 그들이 인쇄해 주는 형식이었지만, 지금은 내가 힘이 생겼으니 반드시 불교를 위해 소리를 내고 불교를 위해 역사를 남겨야겠다고 생각한다. 이렇게 해서 내가 직접 제자 몇 명과 함께 기획·원고 요청·판형 설계까지 모든 작업에 전력투구했다. 『인간복보』는 2000년 4월 1일 출간됐으며, 의공依空·심정心定 스님이 전후로 발행인을 맡았다.

어떤 사람은 내게 왜 만우절에 이 신문을 출간하느냐고 묻는다. 내 생각에 내가 '우공이산愚公移山'의 정신이 있어서 그런 것이 아닌가 싶다. 나는 『인간복보』 초대 사장인 의공 스님에게 1억 위안을 운영자금으로 주면서 3년만 잘 운영할 수 있으면 나는 만족하고, 그 뒤로 문 닫는다고 해도 탓하지 않겠다고 얘기했다.

기쁘고 위안이 되는 것은, 『인간복보』가 현재까지 벌써 13년이나 됐다는 점이다. 지금까지 오는 과정에 각가지 고난과 좌절이 있었지만 나는 개의치 않는다. 오히려 그 고난과 좌절이 우리의 혜명慧命을 키운 것이라 생각한다. 지금에 와서 당시 나에게 충고해 준 사람들에게도 고맙다. 그들이 나에게 위기의식을 심어줬고 절대 물러서지 않는 끈기를 줬기 때문이다.

역대 사장들을 순서대로 나열하면, 의공 스님 후로 영운永芸·시송림柴松林 교수·묘개妙開 등이 있었고, 현재는 부지영符芝瑛 씨가 사장직을 맡고 있다.

부지영 씨는 국립정치대학에서 신문학과를 졸업한 우수인재이다. 『연합신문』에서 기자를 했고, 천하원견문화공사天下遠見文化公司에서 편집장을 하던 시절 『전등傳燈』이란 나의 전기傳記를 써서 그해에 순위에도 올랐으며, 또한 『신화薪火』·『운수일월雲水日月』도 썼다. 부지영 씨는 2010년 상하이에서 타이완으로 돌아와 『인간복보』에서 여러 가지 편집을 하면서 기사 내용을 풍부하게 해 주었다. 그는 특히 폭넓게 학자와 전문가들에게 요청해서 '백년필진百年筆陣'을 위해 특수 칼럼을 쓰게 해서 『인간복보』가 더욱 다채로워졌다.

특별히 언급할 것은, 뉴질랜드·시카고·뉴욕·세인트루이스·마카오·싱가포르·필리핀 등지의 화교신문에서 『인간복보』 내용이 충실하고 신선함이 있다며 기사 내용을 제공해 주면 자기네 신문에 보도하겠다며 요청하는 것이었다. 정말 기분 좋은 일이 아닐 수 없다.

『인간복보』 외에도 나는 불광출판사·불광문화·향해香海문화공사·인간통신사 및 대각大覺문화공사를 설립했다. 영균永均·채맹화蔡孟樺·묘온妙蘊·묘개妙開·만관滿觀·묘유妙有·묘보妙普·황미화黃美華

등의 사람들이 편집과 발행을 도왔다. 그중 채맹화가 내 책『미오지간迷悟之間』·『인간만사人間萬事』·『성운법어星雲法語』·『인간불교총서人間佛教叢書』 출판에 애를 많이 썼으며, 출판업계에서 주는 '금인장金印獎'도 수여받은 적이 있다. 최근엔 상하이 대각문화공사가 나를 위해 간자체 도서를 출판했는데, 책이 출간된 후 대중의 두터운 사랑을 받아서 내가 어느새 '인세印稅 부호의 반열'에 올랐다.

불교를 위해 나는 편집과 출판에 많은 인재를 양성했다. 60년 전 자장慈莊·자혜慈惠가 글짓기를 좋아했고 또 내가 그들의 문장을 수정하는 것을 좋아하는 인연으로 인해 두 사람은 출가하게 됐고. 후에 타이베이 삼중문화복무처三重文化服務處에서 근무하면서 우리는 많은 찬란한 불교문화를 써냈다. 예컨대『중영대조불학총서中英對照佛學叢書』의「경전지부經典之部」·「교리지부教理之部」등은 다 사람들 입에 회자되는 것들이다. 자장 스님은 자신이 책임지고 있는 불교문화복무처에서 조기 불교문물·출판물 유통 추진과 홍보에 지대한 공헌을 했다.

불광산 제1대 제자인 자장·자혜·자용·자가·자이·심정 등은 다 자신들의 출판 저서가 있다. 나중에 신문·잡지·출판 및 수집 등의 방면에 의공依空·의성依晟·영명永明·영진永進·영본永本·영운永芸·영장永莊·만의滿義·만과滿果·만광滿光·만제滿濟·만기滿紀 및『인간복보』에 묘희妙熙·각함覺涵 스님 등 출가제자들이 다 걸출한 활약을 했다.

지금의 불광산 젊은 제자들은 글만 쓰는 것이 아니라, 그림 그리기·촬영하기·컴퓨터 편집 등 다방면으로 매우 유능하게 잘한다.

제자들의 편집 열정을 독려하기 위해 나는 아무리 바빠도 제자들

책에 머리말·제목을 써주고 편집에 관한 여러 가지 건의를 해준다.

잡지를 편집하고 글짓기를 좋아해서 문예계에 많은 친구들과 인연을 맺게 됐다. 예를 들면 백양柏楊·유방劉枋·사마중원司馬中原·고양高陽과 무협소설 작가 와룡생臥龍生·양우생梁羽生과 문단의 당하범檔何凡·임해음林海音 부부 등과도 자주 왕래했다.

나이 스물도 안 되어 불교개혁을 외치는 청년 승려에서 타이완에 정착해 홍법과 사찰 건설에 이르기까지, 오로지 독필禿筆 한 자루에 의지해서 여기까지 왔다. 후에 불교의 문화교육 사업을 부처님의 가르침을 통해 글씨와 출판물로 세계 각지에 전파했다. 내 인생도 글짓기와 편집의 인연으로 시야가 넓어졌고, 많은 문화계 인재들과 친구의 인연을 맺게 돼서 무한한 즐거움이 아닐 수 없다.

◆ 본문출처: 2013년 『백년불연百年佛緣 5-문교편 1』

◆ 불법을 배울 땐 내가 없어야 하고, 문장을 쓸 때는 내가 있어야 한다. 내가 쓴 문장에 '내 감정'·'내 사상'·'내 견해'가 없으면 좋은 문장이라 할 수 없다.

_ 본문출처: 『불광채근담』

❖ 나의 강연 인연

청소년 시절 나는 말을 잘 할 줄 몰랐다. 서하율학원에서 어렵게 강연대회가 열렸는데, 원장인 대본大本 스님이 나를 1등으로 지명해서 마음속으로 수긍할 수 없었고 그저 대본 스님께서 사심이 있어서라고 생각했다.

내가 강연할 줄을 모르는데 어떻게 1등이 될 수 있나? 분명 내 은사님과 대본 스님이 사형제師兄弟 간이기 때문에 내게 1등을 줬을 거라고 생각했다. 이러한 생각 때문에 나는 후에 자책을 많이 했다. 남이 나에게 베푼 호의적인 격려를 내가 오히려 나쁜 마음으로 비평했다는 생각 때문에 오늘날까지도 매우 부끄러운 생각이 든다.

나는 쭉 닫혀 있는 사찰에서 생활했기 때문에 강연을 어떻게 하는지 진정 몰랐고, 20살이 지나서야 사회와 직접 접할 기회가 있었다. 처음 사회를 보고 시야를 크게 넓혔지만 사람과의 대화에는 적잖이 곤란을 겪었다. 불경에 "불법을 아는 대중 앞에서 함부로 얘기하지 못한다"는 말과 같이, 사람이 5, 6명만 모여도 떨리고 매우 부자연스러워지면서 말을 제대로 못했다.

심지어 나이가 서른이 다 돼 이란에서 홍법활동을 하던 중 수백 명 앞에서 말할 땐 손으로 단상을 짚고 있어도 떨리는 몸을 주체할 수 없었다. 나중에는 습관적으로 처음 2, 3분의 떨림이 지나면 괜찮아졌다. 난 마음속으로 항상 스스로에게 '얘기하는 것뿐이니 무서울 것 없어!' 하며 스스로 안심시켰다. 내가 얘기하고 대중은 듣고, 대중이 나에게 나쁜 짓을 할 것도 아닌데, 뭐가 무섭단 말인가? 하지만 말이 쉽지 대중 앞에 서면 여전히 떨렸다. 나중에 나이가 서른을 넘어서야 떨리는 습관이 서서히 사라졌다.

내 생각에 떨리는 문제는 인간의 의지로 타파해야 할 문제이고, 의지가 없다면 강연을 하지 말아야 한다고 생각했다. 내가 확실히 아는 것은 이렇게 하지 않으면 홍법을 못한다는 것이다. 어떤 두려움이 있어도 스스로 싸워 이겨야 했다. 과거의 두려움에서 현재에 유창하게 강연하는 나에게 이르기까지, 생각하면 실로 내가 발전을 많이 한 것이다. 지금은 몇천 혹은 몇만 명 앞에서 강연해도 두려움은 없다. 물론 더 많이 와도 좋다, 다다익선이다!

내가 일생 홍법하는 동안 많은 흥미로운 일과 재미있는 이야기가 있는데, 여기에서 여러분께 얘기해 주겠다.

자아훈련의 시작

타이완에 와서 첫 번째 강연을 타이완 신주(新竹) 청초호靑草湖에서 했다. 1951년 나는 '타이완불교강습회' 강사 및 교무주임 자격으로 50명 남짓의 학생들을 상대로 강연했는데, 매번 강단에 오르면 처음의 1, 2분은 부자연스러웠다.

당시 내 머릿속에는, 부모가 아이들에게 어릴 때부터 어른들 앞에서 많은 것을 표현하게 하는 것이 매우 중요한 교육이라고 생각을 했다. 장난꾸러기 어린이가 어릴 때부터 두려움 없이 사람들과 어울리고 말과 표현을 자유롭게 하면 성격도 대범해질 것이고 커서도 말하는 것에 대한 두려움이 없을 것이다. 만일 나처럼 어릴 때부터 사람들과 거리를 두고 대중과 대화로 소통하는 습관을 못 익힌다면, 소위 "불법을 아는 대중 앞에서 함부로 얘기 못한다"는 말처럼 문제를 바로잡기가 쉽지는 않을 것이다. 다행인 것은 내가 이런 문제로 인해 정진하지 않거나 발전하지 않은 것이 아니라, 오히려 강연할 기회만 있으면 나서서 도전했다는 것이다.

당시 매주 일요일마다 신주현 불교회가 신주 성황묘城隍廟 앞에서 포교대회를 여는데, 나도 초청을 받았다. 내가 불교학원의 선생님이었고 현지에서는 지식인이었으니, 내가 홍법하러 안 가면 또 누가 가겠는가? 매번 청초호에서 나와 홍법을 하러 가기 전에 필히 파출소 경찰에게 허락을 받아야 신주로 갈 수 있었다. 두 시간을 걸어야 도착할 수 있지만 나는 기꺼이 신주로 갔다. 1년여 포교와 홍법하는 기간을 나 스스로를 단련하는 좋은 계기로 삼았다.

사찰 입구의 대중들은 밀려오고 밀려나는 파도처럼, 내가 재미있는 옛이야기를 할 때는 인파가 모이고, 끝나서 이치에 대해 설명할 거 같으면 흩어지고를 반복했다.

강연은 약 2시간 정도 하는데 이런 현상이 반복돼서, 나는 경우에 따라서는 '이사현리(以事顯理: 실제 일로써 이치를 나타냄)'해야 되고, 또 때론 '이리명사(以理明事: 이치로써 일을 밝힘)'해야 한다는 것을 경험을 통해서 알았다. 즉 일 처리에 있어 원만하게 해야 하고, 중생의 근기에 맞아야 하며, 부처님 법에 맞는 정지정견正智正見으로 이야기와 불교학을 잘 결합해서 강연하는 것이 좋은 홍법이라는 것을 경험을 통해서 배웠다. 이것이 후에 내가 마음을 다해 불경 속 옛이야기와 인간세상에서 일어나는 작은 이야기들을 자주 인용하는 이유인 것이다.

이야기를 하는 것은 쉽지 않다. 가끔은 이야기하는 것을 좋아하는 사람이 말을 끝낸 후 듣는 이는 아무도 웃지 않는데 혼자 박장대소하는 것을 볼 수 있다. 이야기를 듣는 사람들이 웃고 이야기하는 사람이 안 웃어야 진정 실력 있는 사람이라고 할 수 있다.

타이완에서 국제무대로

1953년 초 나는 이란(宜蘭)이란 시골로 왔다. 평상시 별 활동이 없던 시골마을에 중국에서 젊은 승려가 와서 설법한다고 하니 사람들이 순식간에 2, 3백 명이 모였다. 매번 집회에서 느낀 점은 말로만 하는 강연보단 사진이나 영상이 있으면 더 좋겠다는 생각을 했다. 그래서 일본에서 많은 슬라이드 쇼를 구입해서 환등기로 방영해 주니 마을 사람들의 관심을 사기에 충분했다. 일종의 '간도설화(看圖說話: 그림을 보면서 설명함)'인데, 사람들은 마치 영화를 보는 듯이 좋아했다.

처음 10년은 순서별로 『관세음보살보문품』·『미타경』·『금강경』·『심경』·『대승기신론大乘起信論』·『팔식규구송八識規矩頌』·『유마경維摩經』을 강연하면서 거의 다른 지역으로 가지 않았다. 이란에서만 10년 강연한 것을 타이베이 사람들은 모를 것이다.

이란은 매우 보수적인 고장이다. 내가 강연을 잘하는지, 듣고 싶어 하는지, 좋은지 별로인지를 아무도 내게 이야기하지 않았다. 사실 강연도 청중의 반응이 필요한 것이다. 강사가 강연이 끝난 후 청중으로

부터 강연 내용에 대해 질문 받는 것도 강사에겐 격려와 도움이 되는 것이다. 하지만 나도 이란에서 열심히 강연하고 청중은 무반응으로 듣는 상황에 적응하게 됐다.

10년 후 무대를 옮겨 타이베이에서 강연하게 됐다. 지금은 폐쇄된, 신공원에 있는 타이베이예술관에서 강연했었다. 나중에는 국민대회 회의 장소인 중산당광복청中山堂光復廳에서도 강연했다. 중산당에서 강연 후 사람들의 주목과 찬사를 많이 받았다. 하지만 타이베이 이외 지역에서는 나 성운이 강경설법講經說法을 잘한다는 것을 잘 모르고 있었다. 그 뒤로 타이베이 국부기념관에서 매년 세 차례 30년 동안을 중단 없이 강연했었다. 매번 강연마다 마치 설날처럼 설레었고, 많은 인파가 환희심이 충만해서 불법을 들었다.

후에 가오슝으로 강연을 갔는데, 가오슝 사람들은 열정적이라서 강연이 끝나면 인근 다른 지역에서도 강연을 해달라고 요청해 왔다. 가오슝도 타이베이와 마찬가지로 가오슝에서만 나를 알고 타 지역에선 나를 몰랐다.

그 다음으로 홍콩에서 강연했는데 상황은 완전 달랐다. 홍콩의 여러 군데에서 강연했는데, 특히 '홍칸홍콩체육관(紅磡香港體育館)'에서 매번 2, 3만 명이 내 강연을 들으러 왔는데, 강연이 끝나면 다음날 전 세계가 알고 있었다.

원래 홍콩 주민들의 많은 친척 혹은 친구들이 전 세계 각지에서 생활하고 있는데, 내가 홍콩 저녁 7시에서 9시까지 강연을 끝내면 사람들이 약 1, 2시간 뒤 귀가해서 낮 시간대인 구미에 있는 친척·친구들에게 전화해서 내 강연 내용에 대해 얘기하는 것이다. 그리하여 나의 국제적 지명도가 일시에 높아진 것이다.

속담에 "하루 밤에 유명해진다"는 말이 있는데, 완전 동감한다. 나는 홍칸홍콩체육관에서 1년에 3번 강연했는데, 20년 동안 중단한 적이 없다.

회상해 보면 홍콩에서 내 강연의 확장성은 실로 엄청났다. 예컨대 1992년 호주 남천사南天寺 주춧돌 놓기 행사에 첫 삽을 뜨기 위해 호주에 갔을 때, 현지에는 신도도 없었고 친구도 없었다. 단지 현지 정부에서 땅을 제공해 줘서 사찰을 건립하려 했을 뿐이고, 이러한 좋은 인연으로 흔쾌히 호주로 날아간 것뿐이다.

남천사는 호주 동남쪽 울런공(Wollongong)에 위치해 있다. 착공하는 날 모두들 신도가 많이 안 올 것으로 예상하고 도시락을 몇백 개만 준비했지만, 나는 최소 천 명 분은 준비해야 된다고 설득했다. 하지만 다른 사람들은 내 예상이 틀렸을 것이라고 생각했다.

숙소로 돌아와서 아무리 생각해도 만일 오시는 신도들이 천 명이 넘어서 도시락이 모자라 굶는 일이 생기면, 인적 드문 외지에서 어떻게 먹을 것을 구할 수 있단 말인가?

어떤 사람은 빵을 사서 대신하자고도 했지만, 빵이 도시락만큼은 못하지 않나 싶어서 제자들과 밤새워 도시락 500개를 더 쌌다.

이튿날 의식을 시작해 보니 참석한 사람이 5,000명을 넘어서 임시로 차오미엔(炒麵: 볶음국수)을 하고, 심지어 라면도 볶아서 사람들에게 대접했다. 어떻게 갑자기 이렇게 많은 인원이 참가했을까? 내가 광둥어(粵語)는 잘 모르지만 사람들이 나눈 잡담을 들어보니, 성운대사가 호주에 사찰을 건립한다는 얘기를 며느리·아들·친척·친구들로부터 전해 듣고 오는 경우가 태반이었다. 그때 호주 울런공에 주춧돌 놓기 행사로 인해 나는 홍콩 사람들의 확산력을 여실히 알게 됐다.

청중의 반응 측면에서, 타이완 청중은 내가 접한 신중信衆 중 가장 반응이 없는 쪽에 속한다. 내가 농촌에서 도시, 사찰에서 학교, 감옥에서 공장, 민간에서 정부까지 수많은 강연을 했지만, 좋다 나쁘다 그 어떤 반응도 얻어 본 적이 없다. 한 번의 강연이 마치 물방울이 터져 없어지듯이 끝나면 일체가 고요함으로 귀결된다.

나는 한동안 타이완 3대 TV방송국을 오가며 수천 번 프로그램에 출연했었다. 중화TV에서 타이완TV공사, 중국TV공사에서 타 방송국으로 연속해서 출연했다. 30년 동안 TV에서 부단히 강연을 했으니, 웬만한 예능인도 나만큼 출연 횟수가 많진 않을 것이다. 나는 좋다 나쁘다 반응을 받아본 적이 없어서 아직도 시청자의 반응을 잘 모른다.

하지만 이란 홍법대弘法隊 대원이 한번은 나를 격려해 준 적이 있다. 내 기억에, 시골 사당 앞 광장에서 강연하면서 날이 어두워졌었다. 강연이 끝나 사찰로 돌아가려 하는데 민중들이 계속 박수를 치며 환송하는 것이었다. 수십 명의 홍법대원들이 자전거를 타고 달빛을 밟으며, 몽롱한 달빛 아래 노래를 부르며 사찰에 돌아갔을 땐 이미 11, 12시가 넘은 시간이었지만 모두들 홍분하면서 그날 홍법의 성과에 대해 얘기하는 것이었다.

나는 「홍법자의 노래」에 "은하는 하늘 높이 걸려 있고, 밝은 달은 영혼을 비추고, 사방 들판에 벌레는 지저귀고, 중생의 마음은 몽롱하네"라고 그 당시의 정경情景을 묘사했다. 농촌의 청중이 영향을 받았을까? 나는 모른다. 하지만 홍법대 대원들 모두는 감동을 받았고, 심지어 평생 불교를 위해 홍법하겠다고 발원發願까지 했다. 밖으로 대중을 제도濟度하는 효과는 없었을지 몰라도, 스스로 제도(自度)하는 효과는 확실히 있었다.

사실 50년 전 타이완에서는 홍법이 순조롭지 않았고, 몇 번을 경찰과 술래잡기해야만 했다. 한번은 룽탄(龍潭)의 한 작은 마을 신묘神廟 앞에서 홍법대회를 하는데, 경찰이 슬그머니 강단 옆으로 다가와서는 낮은 목소리로 꾸짖듯이 당장 해산하라고 명령하는 것이었다. 나는 강단에서 내려오면서 정색하며 경찰에게 이렇게 말해 줬다. 강연은 사회민심을 정화하는 것이며, 위법한 것이 아니다. 어떤 강연도 종국적으론 아무 문제없이 해산하게 돼 있다.

한번은 사전 홍보나 광고 없이 화롄에서 강연하는데, 화롄 도착 후에 징을 치며 사람들에게 알렸다. 한사람이 징을 '땡! 땡! 땡' 치면서 "여러분, 오늘 저녁 7시에 성운 스님이 여러분을 위해 불법 강연을 모 사찰에서 하니 많이 참석해 주세요"라고 외쳤다.

얼마 안 있어 경찰이 우릴 찾아와서 꾸짖으며 주동자가 누구인지 대라고 했다. 젊은 홍법대원들은 겁먹고 뒷걸음쳤고, 내가 앞으로 나서며 "우리는 타이베이에서 온 홍법대원들인데, 왜 타이베이는 되고 화롄은 안 됩니까?"라고 따져 물었다. 경찰은 어쩔 수 없이 안전을 책임지고 교통방해가 안 되는 조건하에 홍법을 허락해 줬다. 안전을 책임지고 교통방해를 않는 것은 당연히 우리가 끝까지 책임질 수 있었다. 곧바로 경찰에게 고맙단 인사를 하고 연단으로 올라가 강연을 이어 나갔다.

당시의 권위주의적인 시절, 외부에서 강연할 때면 종종 우여곡절을 겪었는데, 사실은 약간의 용기가 있어야 타이완에서 불법의 씨를 뿌릴 수 있다.

능숙해지는 힘

나는 말하기만 하면 떨리는 사람인데, 어떻게 대중을 향해 강연하는 사람으로 변할 수 있었을까? 몇 가지 예를 들어 여러분에게 설명할 수 있다.

나는 마음에 벽이 없는 사람이라 매번 강연 제목이 생각나면 우선 동료 스님이나 도반 스님에게 알려줬다. 하지만 강연 당일이 되면 가끔 앞서 강연하는 사람이 내 주제를 송두리째 다 발표해버리는 것이 아닌가. 나는 너무 급한 마음에 '큰일났다! 내가 오늘 해야 할 얘기를 다른 사람이 다 해버렸으니, 어떡하면 좋지?' 하며 조급해하지만 이내 비상상황에서 갑자기 다른 강연 주제를 생각해 냈다.

이런 경험으로 후에 신도들이 늘 어떤 문제에 대해 질문하면 나는 대부분 시간을 끌지 않고 즉시 대답할 수 있었다. 왜? 내 두뇌는 이미 임기응변에 잘 훈련돼 있었으며, 긴급한 순간에 내가 배웠던 것과 경험한 것들을 가장 빠른 속도로 뇌리에 재현해 낼 수 있었기 때문이다.

내 가장 좋은 형제와 같은 친구이며 나를 경외하는 자운煮雲 스님은 주변 사람들에게, 언제 어디서 어떤 주제를 제시해도 성운에겐 '전혀 문제 될 것이 없다'고 말해 왔다. 그런데 사실 이렇게 '전혀 문제 될 것이 없다'가 되기까지 얼마나 많은 고난과 시련을 겪어야 했는지 모른다.

어떤 때는 단체들이 나와 대화하자면서 답변 시간을 고작 3, 5분만 주는 것이다. 질문에 대한 답변으론 매우 짧은 시간이다. 하지만 나는 최대한 3분 내에 사람들에게 귀중한 말을 해 주려고 노력하고, 시간이 길고 짧은 것을 떠나 나는 항상 기쁘게 대화 요청에 응한다.

특히 늘 내게 "한 말씀 해 주세요!"라고 청하는 사람이 있다. 이럴 땐 뭐라고 얘기해야 하나? 말 한마디가 강연보다 더 어렵다. 왜냐하면 이로운 말 한마디가 한 사람의 일평생에 영향을 끼칠 수 있기 때문에, 나는 항상 질문을 받을 때 상대방의 신분, 불교에 대한 이해 정도 등을 감안해서 인연 맺는 한마디를 해 준다.

나중에 안 것이지만, 모든 한마디는 그 자체로 '한마디' 좌우명이 될 수 있기 때문에 상대를 잘 관찰해서 가르침을 줘야 한다. 안 그러면 상대 마음에 와 닿지 못할 것이다. 예컨대 다음과 같은 좌우명들이 있다. "스스로 귀한 사람(貴人)이 되라", "즐기면 그만이다", "자기를 긍정하라", "첫 마음을 잊지 말라(不忘初心)", "인내가 최고다", "내가 부처다" 등이 있으며, "인과를 믿다", "인과를 분명히 알다(明因識果)", "인연과 복을 아끼다(惜緣惜福)" 등등이 있다. 나는 이 좌우명들을 인용해서 법어를 할 때 대중과의 결연에 쓴다.

스트레스가 잠재력을 촉진시킨다

나는 자주 발생하는 돌발 상황 때문에 단시간 내에 초고(腹稿)를 준비할 수 있는 훈련이 잘 돼 있다. 50여 년 전 처음 이란에 와서 방문객도 많고, 글도 많이 쓰고 편집까지 하다 보니 나도 모르는 새에 날이 저무는 경우가 많았다. 갑자기 강연해 달라고 요청할 땐 정말 어떻게 하면 좋을지 몰랐다.

일반적으로 선생님들은 수업 전에 미리 수업 준비를 하는데, 나는 준비도 못하고 바로 강단으로 올라가야 되니 무엇을 얘기할 수 있겠는가? 나도 가끔 머리가 하얘지는 순간이 있다. 이런 급작스런 상황 때문에 나는 임기응변의 재치를 순간적으로 발휘할 수 있는 훈련을 해야 했다.

후엔 밤늦게까지 일을 하다가 갑자기 강연 요청을 받으면, 의자에 5분 정도 가만히 앉아 사색하거나, 부처님께 12배를 하고 나서 강단에 오르면 왠지 힘이 나고 강연 내용도 준비됐다고 느껴졌다. 불법에 '불보살 가피'가 바로 이런 힘을 말씀하시는 것 같다!

1967년 불광산 개산 후 내가 동방불교학원 원장을 맡고 있었는데, 조산회관朝山會館에서 자주 전화가 와서 "큰스님, 신도들이 큰스님께서 설법해 달라고 합니다"라고 얘기했다. 조산회관 신도들의 직업은 주로 건축노동조합·수리회水利會·예술단체·학교 선생님·기업가·부녀·청년·아동 등 다양했다. 각기 다른 배경의 대상을 위해 내가 어떻게 강연해야 하나?

다행인 것은 매번 동방불교학원에서 조산회관으로 가는 길에 다리 하나를 지나야 하는데, 다리를 건너가는 동안에 어떻게 불법 강의를 해야 하는지 생각이 정리된다. 이 다리가 불광산의 '보배 다리(寶橋)'이다. 불경에 '보교도불(寶橋渡佛: 부처님을 건너게 한 보배 다리)'이라는 말이 있는데, 실제로 다리가 내게 생각할 시간을 줘서 강연 준비를 잘 마칠 수 있었다. 그래서 나는 다리가 내게 베푼 기여에 대해 감사하게 생각한다.

 오시는 분들이 다 직업이 다르기 때문에 나는 관세음보살님의 "어떤 몸으로 제도할 때는 즉시 이들에게 그 몸을 나타내어 법을 설하신다"는 말씀에 따라 농부를 만나면 농사 얘기를 하고, 상인을 만나면 경제 얘기를 하고, 청년을 만나면 불교와 청년의 관계를 얘기하고, 부녀 단체를 만나 가정을 다스리는 법에 대해 이야기하면 자주 효과를 본다. 비슷한 성격의 부녀 단체가 또 오면, 전날 부녀들에게 말해 줬던 내용을 다시 얘기해 준다.

그때 조산회관에 봉사자(의암依菴 스님)가 한 명 있었는데, 내가 강연만 시작하면 늘 청중석에 앉아 강연을 듣는 것이었다. 내가 매일 같은 내용으로 강연하는 것을 보고 그가 놀릴까 봐 최선을 다해 많은 주제를 생각해 내느라 매우 고생한 기억이 나지만, 오늘날까지 의암 스님에게 감사하게 생각한다. 의암 스님은 모르겠지만, 스님 덕분에 내가 많이 진보했다. 압박감이 나를 사고思考하게 만들었고, 압박감이 나를 더 집중하게 만들었다.

그러므로 사람이 배우는 단계에서 스트레스와 어려운 지경에 빠짐을 받아들이고, 낙관적일 수만 있다면 틀림없이 발전할 수 있을 것이다.

스스로 자기 한계를 설정하지 않음을 배우다

이런 상황에서 나는 강연을 배우는 여러 가지 방법을 연구했는데, 그 중 '사분법四分法'이 가장 타당성이 있다. '사분법'이 무엇이냐? 만담漫談만 해선 강연이 끝나도 청중들이 무슨 말을 들었는지 기억을 못한다. 가장 좋은 방법은 첫째, 둘째, 셋째, 넷째 대강大綱을 나열해서 청중들이 강목綱目을 기억하고 내 말에 줄거리를 이해하는 것이 중요하다.

나는 역발상하는 법도 배웠다. 마치 「권세문勸世文」과 같이 말이다. 그저 사람들에게 충효인애忠孝仁愛·신의화평信義和平·삼귀오계三歸五戒·사성제四聖諦·십이인연十二因緣만 얘기해선 받아들이기 힘들다. 나는 강연에 약간의 역발상이 가미되는 것이 좋다고 생각한다. 즉 강연 내용에 조금 다른 시각을 표출하는 것이다. 예컨대 '당신은 맞고 내가 틀렸다'·'당신은 크고 나는 작다'·'당신은 있고 나는 없다'·'당신은 행복하고 나는 괴롭다' 등이 그것이다.

이 많은 문제들은 보기엔 단순하지만 일반인이 생각해 낼 수 있는 이치가 아니다. 일반인은 오로지 '나는 크고 너는 작다'·'나는 맞고 너는 틀리다'·'나는 있고 너는 없다'·'나는 행복하고 너는 괴롭다'밖에 생각을 못한다. 하지만 사고방식을 역으로 돌려서 한 가지 이치를 말할 수 있다면 큰 효과를 거둘 수 있을 것이다. 아래는 내가 가끔 인용하는 이야기다.

장 씨 집안의 사람이 이 씨 집안의 사람에게 말했다. "당신 가정은 늘 화목한데, 왜 내 가정은 늘 다툼이 많은 걸까?"

이에 이 씨가 답했다. "당신 집안 식구는 다 좋은 사람이고 내 집안 식구는 다 나쁘기 때문이지. 모두가 좋은 사람이면 쉽게 다툼이 생기지만, 우리 집 식구는 다 스스로 나쁘고 잘못을 인정하기 때문에 싸우지 않는 것이라네." 이 말이 도대체 무슨 뜻일까?

이어서 나는 이렇게 가정해서 얘기한다. 가령 이 씨 집안에 어떤 사람이 실수로 찻잔을 떨어뜨려 깨졌다면 그 사람은 곧바로 "미안! 내가 실수로 찻잔을 깨뜨렸어." 순간 다른 사람은 "아니야, 찻잔을 잘못

놓은 내 잘못이야!"라며 서로 자기 잘못이라고 인정하니 다툴 일이 없다.

장 씨 집안의 사람은 반대다. 찻잔을 떨어뜨린 사람이 먼저 "누가 찻잔을 여기에 놔뒀어?" 하며 깨뜨린 사람 잘못은 없고 놓은 사람 잘못으로 간주한다. 찻잔을 놓은 사람도 불만스럽게 "내가 찻잔을 거기 놓은 건 맞지만, 누가 잔을 깨뜨리래?" 하며 따져 물으니 다툼이 당연히 끊이지 않을 것이다.

이 이야기는 자주 좋은 효과를 얻을 수 있다. 이야기의 목적은 대중에게 잘못을 인정하는 미덕과 용기를 일깨워 주는 것이고, '당신은 맞고 내가 틀렸다'를 배우면 문제해결도 되고, 상대방과의 화목도 해치지 않게 된다. 이런 인간생활의 비유로 나는 불교가 생활에 매우 중요하고, 불교의 인간화人間化 적용에 매우 적절하다고 생각한다. 그래서 마음속으로 천천히 사색하고 고민하며 생각을 정리하는 과정을 거치면서 마음껏 태허 대사의 인간불교 기치를 높이 들고 철저하게 선양하기로 결심했다.

돌이켜 사색하면서 누적되는 경험

긴박한 상황에서 단시간 내에 초고를 생각해 내는 것 외에도, 많은 강연 경험을 통해 약간의 기교技巧도 찾아냈다.

난 언제나 진부한 강연을 싫어했다. 나는 "놀랠 말을 하지 않으면 그치지 않으리라 맹세한다"는 말처럼 옛 이야기를 인용해서 불법의 심오한 이치를 설명하는 것을 좋아한다. 할 수 있는 이야기는 많다. 예컨대 '우는 할멈, 웃는 할멈'·'시체를 다투는 두 귀신(二鬼爭屍)'·'스승과 제자의 크고 작음(師徒大小)'·'돌의 값이 얼마인가?'·'삼팔은 이십삼(三八二十三)' 등은 다 대중들이 좋아하는 이야기들이다.

강연은 이야기만 하는 것이 아니라 참신한 생각도 있어야 한다. 가령 수백수천 명 앞에서 강연할 때 강연자의 말만 듣고 있자면 청중들은 금방 지루해진다. 그래서 음악과 춤을 혼합해서 강연하면 청중들의 주의력을 얻는 데 좋다. 내가 국부기념관에서 강연하기 전 15분에서 20분은 둔황무(敦煌舞)·고전무·불교음악·범패찬송 등의 공연을 먼저 한다. 이런 공연은 항상 좋은 효과를 얻었으니, 여러 홍법자들은 마땅히 여기에 주의를 기울여야 할 것이다.

설법할 때는 주의해야 할 점이 아주 많다. 그중 가장 중요한 것은 '이치에 부합하고 근기에 부합해야 한다(契理契機)'이다. 이른바 "위로는 부처님의 정지정견에 부합해야 되고, 아래로는 중생의 눈높이에 맞는 가르침을 줘야 한다"는 것이다. 이래야 비로소 불법인 것이다.

1952년에 나는 『보문품』, 즉 『관음경』에 대해 연구를 했다. 가장 중요한 부분이 관세음보살 삼십삼 응화신三十三應化身·십구종十九種 설법인데, 정말 흥미진진했다. 그래서 매번 강연할 때 항상 상대가 어떤 사람인지, 어떤 이치를 얘기해 줘야 하는지 생각한다.

2012년 12월 16일 저녁, 한 무리 중국 대륙의 마취사들이 찾아와 강연을 요청해서 마취사의 기여에 대해 얘기해 줬다. 만일 오는 분들이 사범학교 선생님들이었다면 불교교육에 대해 이야기했을 것이다. 이것이 바로 '어떤 몸으로 제도할 이들에게는 그 몸을 나타내어 법을 설한다'인 것이다.

많은 곳에서 왜 나를 강연에 초빙할까? 사실 이것도 인연인 것이다. 제자들은 내가 도처에 강연하는 것을 알고는 나에게 "큰스님 가세요! 거기 공장이 있는데 노동자들이 큰스님 법문이 필요해요. 큰스님 가세요! 거기 관저인데 관원들이 출가인을 초빙해서 법문 듣는 일이 흔하지 않아요. 큰스님 가세요…"라고 말한다. 도처에서 여기가 중요하다 저기가 중요하다는 얘기를 듣고 내가 깨달은 것은 "당신이 중요하고, 그가 중요하고, 나는 중요하지 않다"였고, 그러면서 모든 사람의 중요성에 대해 호응할 수 있었다.

나는 학교에서 공부도 못해본 평범한 승려인데 무엇을 가지고 단상에 올라 사람들에게 강연한단 말인가? 다만 한 가지, 이 세상 모든 사람(동물 포함)과 아름답고 좋은 인연을 맺을 신념을 갖고 있다는 것이다. 내겐 많은 친구와 신도들이 있다. 이들이 나의 신용과 성실함을 믿고 기쁘게 강연에 초빙하고 격려해 준 덕분에 오늘날 내가 도처에서 강연할 수 있는 것이다.

나는 타이베이 국부기념관에서 30년 동안 빠짐없이 강연했고, 홍칸홍콩체육관에서도 20년을 중단 없이 강연했으며, 심지어 자주 유럽·아시아·미주 등지에서 순회강연도 많이 했다. 말레이시아 화인(華人: 화교)의 단결 도모와 지위 향상을 위해 말레이시아 화인협회(馬華公會)가 결의하고 6명의 장관이 공동으로 초빙해서 말레이시아 순회강연을 수차례 했는데, 강연 때마다 인파가 1, 2만 명씩 모였다. 이로써 나도 말레이시아 화교 단결에 어느 정도 공헌했다고 생각한다.

나는 1996년 말레이시아 샤알람(Shah Alam, 莎亞南)체육관의 8만 관중 앞에서 강연하는 기록을 세웠다. 16년 뒤인 2012년 11월 우린 또다시 8만 명이 모인 강연회를 주최했다. 이것은 내가 말레이시아와

50년 동안 강연의 인연을 맺고, 또다시 일대 법어청취의 선풍을 일으킨 일이라 말할 수 있으니, 이 모두는 현지의 호법護法 신도님들과 매스컴이 베풀어 준 사랑 덕분이라고 생각한다.

난 일생 동안 천 번이 넘는 강연을 전 세계를 돌아다니며 했지만 한 번도 강연비나 시간요금을 받은 적이 없다. 강연이 끝나면 꼭 초빙해 준 상대에게 감사의 인사를 했다. 한번은 타이베이에 있는 공장에서 초빙해서 강연을 했는데, 끝나고 나자 그들이 2만 위안을 공양하는 것이었다. 거절할 수 없어 받기는 받았지만, 마음속으론 공장이 돈을 벌 수 있어 주는 것은 고맙게 받고, 대신 이 돈을 필요한 사람들에게 보시하면 된다고 생각했다.

몇 년 전 미국 서래대학에서 5일 과정으로 원격수업 형식으로 『육조단경』과 『심경』을 강의하는데, 수강료가 1인당 미화 300달러였다. 강연이 끝난 후 나는 수강료 전액을 주최 측에 기부했다.

난 타이완성 정부훈련단에서 다년간 강사로 일한 적이 있다. 시간당 강의료는 받지 않고 거마비만 기사가 서명해서 받게 하고, 받은 돈은 그들의 책 구입비 혹은 기타 비용으로 쓰게 했다.

다년간 각지에서 경전을 강론하고 설법을 했지만 많은 공양供養을 받지는 않았다. 매번 타이베이 보문사에서 강연이 끝나면 꼭 신도 중에 내게 홍바오(紅包: 공양금을 넣는 빨간 봉투)를 주려는 사람이 있었다. 그중 한 신도는 몇 년 째 내게 홍바오를 주려 했으나, 강연이 끝나면 내가 곧바로 엘리베이터를 타고 떠났기 때문에 받지 못했다. 하루에서 이틀, 올해에서 내년까지, 홍바오는 그 신도의 가방 안에서 마찰로 헤져도 내 손엔 안 들어왔다. 특히 최근 들어 신도들의 홍바오가 더욱 내게 측은지심을 느끼게 한다. 나는 마땅히 "이 몸과 마음으로 모든 중생들을 받들어 부처님 은혜에 보답하리"란 말씀을 따라야 하거늘, 만약 신도의 홍바오를 탐한다면 어찌 자비로운 스님이라 할 수 있겠는가? 내가 체험적으로 깨달은 것은 가급적 안 쓰고, 안 사고, 소유하지 않으면 되는 것이다.

강연을 통해 홍법의 길을 확장하다

내 일생을 돌아보면 수십 년 세월 동안 수많은 강연을 했다. 크고 작은 많은 농촌과 사찰, 심지어 타이완의 거의 모든 감옥을 일일이 다니면서 강연했다. 각 대학과 중고등학교 및 국제적 유명 대학인 하버드·예일·코넬대학에서도 강연했다. 뿐만 아니라 중국 대륙의 베이징·푸단(復旦)·자오통(交通)·난징대학에서도 강연했다.

각처의 대학에서 나를 강연에 초청해서 내가 대단하고 심지어 자랑스럽게 보일지 몰라도 실은 그렇지 않다. 사실은 정반대로, 가끔은 부끄러운 생각이 든다. 내가 무엇을 가지고 대학에서 강연할 수 있다는 말인가? 이는 다름 아닌 불법의 인연인 것이다. 그들(청중)은 불법에 대해 모르나, 나는 불교 속에서 몇십 년 동안 배우고 성숙했기에 인생불법·생활불법을 조금 알고, 번뇌가 일고 답답할 때 불법을 통해 나 자신을 격려하는 방법을 알고 있는 것이 나와 대학 청중들의 차이라면 차이다. 강연에서 청중으로부터 회심의 미소(강연자가 말하지 않은 내용에 대해 알고 미소 짓는 것)를 얻는 것, 혹은 좋은 것을 골라 따르는 모습, 내가 소박한 얘기로 강연하는 것, 이 모든 것은 오로지 청중에게 이익 되고 기여하기 위함이다.

나는 일생 처신에 있어 자비와 인내심이 있다고 생각한다. 또한 신용이 있고 약속도 엄수했다. 그리고 발심과 근면, 특히 시간엄수·자비희사 등과 같은 성격을 가지고 있다. 강연이 끝나면 청중에게 했던 말들을 내 스스로 실행해야 된다고 나 자신에게 엄격하게 요구한다. 나는 특기나 예술 능력은 없지만 강연을 통해 꾸준히 자가학습·자가훈련·자가성장을 해서 많은 수확을 얻었다.

◆ 본문출처: 2013년 『백년불연 2 - 생활편 2』

◆ 말하는 목적은 피차의 생각과 견해 소통을 위한 것이다. 말로써 그 사람의 인격·개성·지식수준을 알 수 있다. 그러므로 먼저 생각하고 나중에 말하면 말실수를 줄일 수 있다.

◆ 인생에서 매번 경험이 전진의 초석이 되고,
인생의 여정 중에서 매번 성패가 미래의 거울이 된다.

- 본문출처: 『불광채근담』

❖ 일필자의 경이로운 일

매일 새벽녘에 일어나 불을 켜고 아침마다 하는 공부가 있으니, '일필자一筆字'를 쓰는 것이다. '정명正命'·'무진장無盡藏'·'행주산하行走山河'·'인자천하仁慈天下'를 매일 최소 50장 쓰는 것을 스스로 정하고 있다. 하지만 눈으로 글을 볼 수 없어서 감각에 의존해 중간선에 맞춰 써야 한다. 붓이 한번 내려가면 화선지에 담을 구절을 끝까지 완성해야 한다. 한번 멈췄다간 상하 획을 맞출 수가 없게 된다. 매일 써야 하기 때문에 좋고 나쁨을 떠나 내 붓글씨를 잠정적으로 '일필자'라고 명명하기로 했다.

나는 일생 동안 많은 결점이 있는 것을 안다. 예컨대 음치인 것, 재물 축적을 싫어하는 것 등이다. 어려서 글씨 연습하는 습관이 없어서, 가르칠 때 칠판에 쓴 글이나 노트 위에 만년필로 쓴 글들이 힘이 없어 보였다. 하지만 환경이 사람을 바꾼다. 1953년 작고 누추한 이란 뇌음사에서 해마다 한 차례 불칠법회佛七法會를 하는데, 돈이 없어 도량을 장식할 수 없었고, 대신 빨강·노랑·초록색의 포스터 종이를 사서 거기에다 신도 수행을 독려하는 법어를 써서 도량에 붙여서 장식했다.

매년 한 차례 '불칠법회'를 할 때마다 표어를 최소 80장을 써야 했다. 문장 구상만 해도 꼬박 하루나 이틀이 걸린다. 다 쓰고 나서도 남에게 보여주기 창피했다. 하지만 그 당시는 광복 초기라 타이완에서 서예 대가를 찾을 수도 없고 해서 어쩔 수 없이 내가 나서서 쓸 수밖에 없었고, 다음해에 포스터지 색이 바래지면 다시 새로 쓰는 식이었다. 이렇게 1년 또 1년이 흘러갔고, 어느새 나는 중단 없이 26년을 썼다.

솔직히 1년에 한 번 쓰면서 내 붓글씨 실력이 진보할 리가 없었다. 하지만 간혹 젊은 제자가 "스님, 글 좀 써주세요"라고 하기도 하고, "스님 글씨는 많이 발전했고 참 보기 좋다"라고 하면 나도 의기양양해지면서 붓글씨를 써주면서 좋은 인연을 맺곤 했다.

다만 왕왕 다 쓴 글을 보면 잘 쓰지 못했다고 느끼곤 했다. 한편 내 마음 한구석엔 내가 먼저 써주겠다고 한 것도 아니고, 네가 달라고 해서 써준 것이라고 스스로 위안하며 자책하지 않을 수 있었다.

대학 하나를 써내다

날짜는 기억 안 나지만 1990년대 어느 날, 우연한 인연으로 타이베이 자용 스님이 주지로 있는 보문사普門寺를 찾아간 적이 있었다. 그 시간에 그들은 옆 불당에서 양황법회梁皇法會를 진행하며 『양황보참(梁皇寶懺: 자비도량참법)』 기도를 하고 있었다. 나는 불당 뒤에 있는 사무실에서 기다리고 있었다. 모두들 양황법회에 참석했기 때문에 사무실이 비어 있었고, 마침 어느 스님 책상에 필묵筆墨이 있어 자연스레 붓을 들고 몇 자를 썼다.

내가 다 쓸 무렵 연세가 지긋한 노부인이 걸어 들어와 슬며시 내게 두툼한 홍바오(돈 봉투)를 건네며 "스님, 이건 스님께 드리는 거예요. 불광산에 주면 안돼요"라고 당부하는 것이었다. 홍바오 받은 것을 싫어하는 나였지만, 노부인의 성의를 봐서 받고는 대신 네 글자를 써서 건네드렸다. 불행하게도 당시엔 포스터지도 없어 그냥 그래프지에 '서생의 인정은 종이 한 장(秀才人情紙一張)'이라고 마음의 심경을 담아 써드렸다.

잠시 후 노부인이 불당에서 돌아와 기분 좋게 "모두 각자 돈을 10만 위안을 모아 놓고 큰스님이 글 한 장씩 써주기를 기다리고 있어요"라고 말하는 것이었다. 나는 답답한 마음에 이렇게 대답했다 "나는 글을 파는 사람도 아니에요!"

실은 이 노부인이 내가 써드린 글을 가지고 불당으로 가서 큰스님이 써주셨다며 자랑해서 너나 할 것 없이 "나도요! 나도요!"라고 해서, 노부인이 "10만 위안을 공양해야 받을 수 있어요"라고 말했다. 『양황보참』 법회에 참석한 수백 명의 가정형편이 어렵지 않은 신도들이 "우리도 10만 위안 정도는 낼 수 있어요"라고 답했다.

난 그 순간 미국 서래대학이 학교 건설을 위해 모금하고 있는 것이 생각나서 이 돈으로 보태면 좋겠다는 생각을 했다.

그래서 사양하지 않고 대중과 인연을 맺으며 하루 종일 400여 장의 글을 썼다. 내가 글을 쓴 목적은 돈이 아니라 사람들에게 기쁨을 주기 위해서였다. 모두 이렇게 마음을 쓰니, 내가 이렇게 설명했다 "내 글로 인해 선한 돈이 모인다면, 전액을 서래대학 건축기금으로 기부하겠습니다."

생각치도 않게 다음날 『양황보참』 법회에 참석한 수백 명이 또 글을 써 달라고 하는 것이었다. 어제 있었던 일에 대해 전해 듣고 "우리에게도 대사님의 글을 주세요"라고 해서, 하는 수 없이 책상에 앉아 하루 종일 수백 자의 글을 또 썼다. 당초 서래대학 설립은 외부의 시주를 받지 않고, 순전히 『양황보참』 기도법회에 참가한 신도들이 한 장의 글을 받기 위해 내준 홍바오에 의존해서 이루어진 것이다.

이번 인연으로 나는 글로써 이렇게 큰 이익을 보고, 글로 대학을 써 낼 수 있다면, 향후 누가 진정으로 내게 글 써달라고 청하면 나는 필히 그와 인연을 맺을 것이라고 생각했다.

흥 따라 도달한 글쓰기 습관

잠깐 언급하자면, 나에게는 개인적인 생활공간이 없다. 서재·사무실·책상 하나 없다. 당초 불광산의 모든 건설은 건축사의 설계로 건축된 것이 아니다. 그저 설계도도 그릴 줄 모르는 중졸中卒 출신 소정순蕭頂順 선생과 내가 책상과 전화, 컴퍼스 하나 없이 나뭇가지를 손에 쥐고 맨땅에 그려가며 얼마나 크거나 작게, 이렇게 저렇게 구술로 얘기하며 건축된 것이다. 다행인 것은 당시엔 산허리에 짓는 건축은 허가가 필요 없었기에 오늘날의 불광산을 이룩할 수 있었다는 것이다.

일반적으로 사람이 좋은 글을 쓰려면 괜찮은 책상에 평평한 종이가 필요하다. 현재 나는 회의탁자 위에서 붓글씨를 쓴다. 20년 전 대목설계공사大木設計公司 책임자 팽박평彭伯平 선생이 길이 5미터, 폭 2미터 되는 회의탁자를 내게 기증했는데, 나는 이 탁자에서 손님도 맞고 식사도 한다. 예컨대 이등휘李登輝 총통, 진수편陳水扁 총통·진리안陳履

安 선생·학박촌郝柏村 선생·오박웅吳伯雄 선생·송초유宋楚瑜 선생·오돈의吳敦義 선생 등이 이 탁자에서 내가 대접한 차와 식사를 같이 했다.

글을 쓸 때면 늘 옆에 제자들이 에워싸고 글 한 장씩 달라고 해서 모두를 기쁘게, 공평하게 대하면서 제자들과 선연善緣을 맺고 있다. 글을 쓸 때 에워싸는 이들이 다 내 제자들이기 때문에 "큰스님 글이 진보했어요!", "큰스님 글이 참 좋아요!" 하며 칭찬 일색이었다. 근데 간혹 "글이 너무 말랐어요!"라고 하는 사람도 있었다. 특히 소벽하蕭碧霞 사고(師姑: 체발하지 않고 출가해서 불법을 배우는 여성)가 우스갯소리로 "계속 조연비趙燕飛처럼 쓰지 마시고 양귀비처럼 쓰셔야죠"라고 말했다. 글을 좀 굵게 쓰라는 비유인데, 난 그 말의 뜻을 헤아리며 점진적으로 개선해 나갔다.

지금은 나이가 많이 들어 시력은 거의 영에 가깝지만, 다행히 과거부터 붓글씨 쓰는 기초가 있어 붓을 한번 들면 끝까지 써 내려간다. 지금도 모두들 옆에서 "좋아요! 좋아요!"를 들으며 내 처지는 생각할 겨를 없이 계속 써 내려간다.

올해는 2012년인데, 16년 전 내 나이 70세부터 오른손이 떨리기 시작했다. 그래서 내 저서 『왕사백어往事百語』는 제자 만과滿果 스님이 내 구술을 받아서 기록한 책이다. 특히 2000년 『인간복보』를 창간할 때는 오른손 떨림 외에도 눈이 당뇨병으로 인한 합병증으로 시력이 모호해져서, 신문지상에 『미오지간迷悟之間』·『인간만사』 칼럼을 내 구술을 받아서 만과 스님이 기록해 줬다.

하지만 문자의 기록은 아무나 할 수 있는 것이 아니다. 만과·만의 스님이 없고 내가 할일이 없을 때는 시간을 활용해서 글을 쓴다. '일필자'를 쓸 때 가로세로가 잘 쓰였든 못 쓰였든 개의치 않고 자유자재로 쓴다.

그런데 이 당시 채송림柴松林 교수가 쉬저우(徐州)의 수유사茱萸寺를 위해 편액扁額을 써 달라고 했고, 학박촌郝伯村 선생은 또 내게 엔청(鹽城)의 정토사淨土寺를 위해 제서題書를 부탁했다. 그들은 모두 내가 글을 잘 쓴다고 했다. 소식이 전해지면서 지금 많은 사찰도량에서도 내게 제서·편액을 써달라고 부탁한다.

나는 내 글이 아직 경지에 도달하지 못한 것을 알고 매우 부끄러움을 느꼈다. 당시는 부처기념관 건축 중이었는데 제자 여상 스님이 내게 벽에 많은 불법게어佛法偈語를 조각하면 훨씬 장엄할 것이라고 했다. 나는 감히 감당할 수 없어 이기무李奇茂 선생에게 부탁해 서예가가 쓰도록 했다. 허나 제자들은 전체를 서예가가 쓸 필요는 없다며, 내게 "큰스님께서도 쓰세요!"라고 해서 제자들 뜻에 따라 22폭의 고덕게어古德偈語를 썼다. 나중엔 제자들이 내가 시키지도 않았는데 이 글들을 벽에 조각해 놨다. 그런데 생각치도 않게 보는 이마다 좋다고 긍정하는 것이었다. 이로써 나는 더욱 자신감이 생겼다. 비로소 내가 진짜로 글을 쓸 수 있고 사람들에게 보여줄 수 있게 된 것이다!

마음에서 출발하는 일필자

2007년에 요청을 받아 '각유정覺有情'이란 서예전을 개최했다. 그때 영광스럽게 조박초趙樸初 장자의 유작과 같이 우시(無錫)에서 전시하게 됐다. 전시회에서 나는 이렇게 말했다. "여러분이 조 장자와 내 글을 같이 전시하자고 했는데, 조 장자께서는 중국 제1의 서예가이니 내가 비할 바가 못 됩니다. 내 글은 차마 사람들에게 보여줄 정도가 못 되지만 나의 자비와 수희(隨喜: 따라서 기뻐함)의 마음을 봐 주세요."

몇 년 후, 일필자를 쓰기 시작하면서 비록 이미 풍촉잔년(風燭殘年: 바람 앞의 촛불 같은 남은 해라는 뜻으로, 여생이 얼마 남지 않음을 비유)의 노인이 되고, 손이 심하게 떨리고 눈은 거의 맹인이나 다름없이 흐릿한 빛에만 의지해서 큰 글씨를 쓰고 세월을 보내고 있지만, 각지의 제자와 신도들이 나를 글을 생산하는 보배산으로 보고 내 글을 '묵보墨寶'라고 부르기 시작했다. 허나 나는 이들에게 묵보라고 부르는 것을 불허하고 대신 계속 일필자로 불러야 계속 글을 써주겠다고 했다. 사람들은 내 글을 얻기 위해 더 이상 내 글의 가치를 올리지 않았다.

신도대중의 사랑으로 2, 30년 전 글로써 서래대학을 써냈듯, 최근 몇 년엔 유럽 스위스 불광산제네바회의중심과 프랑스 법화선사法華禪寺도 내 일필자로 써냈다.

사랑스러운 제자들이 내 글이 대아大雅의 전당에 오를 수 있는지 따져보지도 않고 해외로 갖고 나가서 전시했다. 특히 제자 여상如常은 예술대학원 출신 수재인데, 졸업 후 내 글을 가지고 지속적으로 타이완·홍콩·호주·뉴질랜드·미국·일본·말레이시아 등 국가의 미술관 및 미국 버클리대학·중국 후난성박물관·충칭산샤박물관·난징박물원·양저우쌍박관雙博館·베이징중국미술관 등지에서 전시했었다.

많은 지역에서 전시하며 나도 참관하라고 해서 가보면 공간배치만 주의 깊게 보고 내 글 앞에 서면 자리를 벗어나기에 바빴다.

특별한 전시가 한번 있어서 얘기하겠다. 아프리카 감비아 비엔나 주재 유엔대사인 수하(Dr. Gyorgy Suha) 박사가 내게 유엔에 가서 '일필자'를 전시해 보라고 하는 것이다. 소식에 의하면 이는 역사 이래 처음으로 출가인 작품을 전시하는 것이었다고 한다. 하지만 연로한 나이와 먼 거리로 인해 현장에 가지는 못했다. 대신 짧게 작품에 관한 인연과 글의 뜻을 설명하는 장면을 녹화해서 전시회에 보냈다. 후에 알고 보니 전 세계 150여 개국의 대표들이 방문했다는 얘기를 들었는데, 참으로 뜻밖이었다.

현재 불광산은 또다시 호주에서 남천대학을 설립하고 있다. 설립 초기에 모두들 서래대학처럼 내게 글을 쓰라고 했다. 다행스러운 것은 호주 시드니 신도님들이 나를 저버리지 않아서 또다시 '일필자'로 서래대학처럼 남천대학을 설립할 수 있었다.

하지만 내게 가장 큰 격려를 해 준 사람은 중국 대륙 이싱(宜興)에서 불광산 조정祖庭 대각사大覺寺 건립을 맡고 있는 묘사妙士 스님이다. 그는 자주 전화해서 "큰스님의 글 한 장에 어느 기업가가 100만 인민폐를 시주하셨어요. 큰스님의 글 한 장에 어느 차 농장주가 120만 인민폐를 시주하셨어요. 어느 백화점에서 큰스님 글 네 자字에 200만 인민폐를 시주하신데요"라고 전해 주었다. 잠시 글의 값어치는 차치하고 '일필자'가 묘사 스님에게 준 격려는 그를 신바람 나게 불광산 조정 건설에 매진하도록 하고 있다. 이 또한 부처님의 가피加被인 것이다!

글쓰기는 행복의 근본이다

과거 각 지역에 있는 친구와 선연善緣을 맺기 위해 먼 거리를 여행할 때마다 내 저서와 책을 준비했다. 다만 무거운 중량 때문에 항공사에다가 초과비용을 많이 냈다. 그런데 붓글씨를 쓰기 시작하면서 많이 편해졌다. 어디를 가나 내 글 한 꾸러미만 묶어 놓으면 수십 명에게 나눠줄 수 있다. 허나 사람에게 글을 선사하는 것도 나름 비결이 있다. 상대에 따라 선사할 글을 선택해야만 한다.

예를 들면 한번은 신도 뢰유정賴維正 선생이 유럽에서 성공적으로 무역을 하고 있다는 것을 알고는 '품패(品牌: 브랜드)'라는 두 글자를 써줬다. 하지만 글을 받은 그의 표정은, 왜 내 인격에 대해 안 쓰고 내 상품에 대해 '품패'라고 썼을까? 하며 내키지 않은 표정이었다. 그 마음의 아쉬움을 달래기 위해 특별한 이야기 하나를 해 줬다.

어떤 사람이 새로 자문회사를 개업했는데 2주가 지나도 손님이 없었다. 하루는 남루한 차림의 사람이 찾아왔다. 사장이 물었다. "성姓이 어떻게 되나요?"

그 사람이 말했다. "이씨입니다."

"당신은 무슨 일을 하시죠?"

"나는 구걸하는 거지입니다."

그러자 사장은 달갑지 않게 말했다. "거지 이 씨! 무슨 일로 왔습니까?"

그 사람이 말했다. "당신에게 어떡하면 부자가 될 수 있는지 물어보러 왔습니다."

사장은 믿을 수 없다는 듯 말했다. "거지도 부자가 되려 합니까?"

그는 사장의 경멸스런 말에 불쾌해 하며 대답했다. "거지가 사람들에게 돈 구걸하는 것 자체가 부자가 되려는 것이지요!"

사장은 듣고도 속이 답답했다. 그래도 처음 들어온 손님이니 더 이상 따지지 않고 거지의 의뢰를 받기로 했다.

첫 장사이기에 사장은 재치 있게 거지에게 "거지 이 씨! 향후 누구든 당신 앞을 지나가며 돈을 줄 것 같으면 무조건 50전만 받으세요. 2원을 주거나 더 많이 줘도 50전만 받으세요."

거지는 이 말에 절대 수긍 못하면서 "그럼 어떡해요? 구걸한 돈이 많으면 많을수록 좋은 게 아닌가요?"

사장이 말했다. "많을수록 좋다고요? 그럼 사람들이 안 줄 겁니다. 만일 당신이 아무리 많이 줘도 50전밖에 안 받는다는 것이 소문나면 그게 당신에게 곧 '브랜드'가 되서 금세 부자가 될 겁니다!"

사장의 한바탕 설명을 들은 후 거지는 허리를 굽혀 인사하고 떠났다. 사장은 떠나는 거지를 제지하며 말했다. "자문료는?"

거지는 당연하단 듯이 말했다. "거지에게 자문료가 있겠어요? 나중에 돈을 구걸해서 드리겠습니다!"

사장이 생각해 보니 거지의 말이 맞는 거 같아 그냥 잊어버리기로 했다.

거지는 돌아가서 사장이 시키는 대로 50전만 받았다. 이것이 소문나서 멀리 혹은 가까이에서 사람들이 너나 할 것 없이 거지에게 50전을 주면서 거지의 진면목을 보려고 몰려들었다.

얼마 후 거지가 중산공원 문 앞에서 구걸한다는 소문을 듣고 사장은 짬을 내서 어떤 상황인지 보러 갔다. 도착하니 사람들이 몇 겹으로 둘러싼 것을 보고 괜히 방해하지 말자고 생각하며 돌아갔다.

며칠 뒤, 거지는 보슬비가 내리는 흐린 날에 사장에게 다시 찾아왔다. 사장은 거지를 보고 물었다. "왜 또 왔어요?"

거지가 대답했다. "자문료 드리러 왔어요! 지금은 돈 벌었어요."

여기서 잠깐 보면 거지는 그래도 신용을 지킬 줄 알고 약간의 '브랜드'가 있어 보인다.

그 후로 사장은 또 한 번 공원으로 향하면서 거지를 봤다. 근데 자기가 아는 거지가 아니어서 소리 내어 "거지 이 씨! 거지 이 씨!" 하며 불렀다.

예상 밖으로 쪼그려 앉아 있던 다른 거지가 "내 스승님을 찾는 겁니까?" 하고 말하는 것이다. 알고 보니 그는 이 씨 거지의 제자였던 것이다.

사장이 물었다. "당신의 스승은?"

제자 거지가 대답했다. "스승님은 백화점에서 가게를 여셨어요. 지금은 부자예요. 스승님이 제게 이 자리가 브랜드가 있고 위치도 좋다며 자기 대신에 여기서 구걸하라고 하셨어요."

여기까지 얘기하면서 나는 뢰유정 선생에게 무슨 사업을 하든 '품패(브랜드)'가 제일 중요하다고 얘기해 줬다.

그는 내 얘기를 듣고 매우 좋아하면서 '품패' 글씨를 몇 장 더 써달라며 친구들에게 나눠주겠다고 했다. 나도 기꺼이 승낙하면서 수십 장을 더 써줬다. 하여간 사람·물건·글씨 그 무엇이든 '품패'가 필요한 법이다.

나의 글을 쓰는 세월 가운데 한번은 『중국시보中國時報』에 소정국蘇

正國 기자가 이런 이야기를 해 줬다. 1949년 중국 산동山東 옌타이연합중학교(煙台聯合中學校)의 장민지張敏之 교장이 5천 명의 학생을 인솔하고 타이완으로 건너왔다. 불행하게도 얼마 후 그는 펑후(澎湖)에서 간첩으로 몰려 그만 억울한 죽음을 맞이했다. 미망인 왕배오王培五 여사가 5, 6명의 아이들을 천신만고를 겪으며 잘 키워냈다. 위안이 되는 것은 그 자녀들이 현재 각기 분야에서 성공을 이뤘고, 그중 한 명은 미국에서 상무부 장관까지 지냈다는 것이다.

늙으신 어머니가 100세 생신을 맞을 때 자녀들은, 어머니가 일생동안 환란을 겪고 크고 작은 풍파를 많이 경험했는데, 웬만한 일로는 마음을 움직일 수 없다는 것을 알고 내게 네 글자를 써서 어머니를 기쁘게 해 드리고 싶다고 소 기자를 통해 전해 왔다. 나는 이렇듯 위대한 모친의 생신을 위해선 기꺼이 쓰겠다고 생각하고 '무량수불無量壽佛' 네 자를 축하의 의미로 선사해 드렸다.

이러한 일들로 나는 글쓰기에 큰 보람을 느끼고 더욱더 글쓰기를 염불참선의 일환으로 삼아 정진하게 됐다.

2008년 나는 베이징올림픽 개막식에 초대되어 참석하고 돌아오는 길에 미국을 들러 홍법활동을 했다. 서래사西來寺에서 머무는 동안 하루는 시간이 남아 어느 제자에게 물었다. "내게 돈이 얼마나 있는지 아느냐?" 그의 대답은 이랬다. "큰스님에겐 3,000여만 위안이 있습니다."

나는 이 소리를 듣고 깜짝 놀랐다. 내 평생 돈 달라고 하지 않고, 저축하지 않고, 모든 돈을 다 불광산에 헌납하거나 각지 도량 건설에 썼는데, 서래사에서 어떻게 3,000여만 위안이 있을 수 있다는 말인가?

이것은 매우 엄중한 일이다. 내 나이가 연로해서 혹시 돌발사태라도 생기면 사람들은 필히 '성운대사가 갖고 있는 돈이 얼마지?'라고 생각할 텐데, 3,000여만 위안이라니, 많아도 너무 많다.

그래서 제자들과 상의하면서 돈을 도량에 기부하겠다고 했다. 하지만 제자는 "큰스님께서 이미 많이 주셨고, 도량도 이젠 자급자족할 만하니 그냥 큰스님 하시고 싶은 것을 하세요!"라고 했다. 내가 "그럼 대학에 기부하자!"라고 하니, 제자가 또 말했다. "대학도 지금 추진 중에 있고, 이 정도 돈으론 도움이 안 되니, 차라리 기부의 지속적인 의미를 살려 공익신탁기금을 만드는 것이 어떨까요?" 실로 마음에 와 닿는 말이었다. 그래서 내가 말하길 "그래! 3,000만 위안을 은행에 저금해서 공익신탁기금을 만들자!"라고 했다.

한동안 나는 물어보지도 대외적으로 선전도 안 했는데, 1년도 안 돼 은행구좌에 돈이 4,000만 위안으로 늘어나 있었다. 돈이 어디서 왔는지 놀라웠다. 제자들이 내게 말했다. "사람들이 큰스님의 공익기금에 호응하기 위해 구좌에 입금을 많이 했어요. 예컨대 뢰의명 선생이 100만 위안, 고회잠辜懷箴 여사가 30만 위안 등, 여러 분들이 입금해서 현재 4,000만 위안이 모였습니다."

이는 매우 좋은 현상이라고 생각했다. 타이완 사람들이 항상 빈곤구제·재난구제활동에 참여하기 때문에 행선行善하는 습관이 몸에 배어 공익사업에도 열성이라는 생각이 들었다.

나중에 나도 공익기금 마련에 동참해서 더 많은 사람들을 돕거나 장려하고 싶었다. 하지만 내가 재주가 없어 무엇으로 공익기금 수입을 증가시킬 것인가? 주위의 제자들이 글로써 선한 모금을 할 것을 건의해 줬다. 예상 밖으로 많은 신도들이 20만 위안을 내고 내 '일필자'를 받겠다고 하는 것이다. 사실 부끄럽게도 모두 좋아한다고 해도 고작 얇은 종이 한 장에 5,000위안만 해도 될 것을 20만 위안이라니, 그럴 가치가 있는 것일까라는 생각도 해 봤다. 하지만 선한 마음의 인사들은 그런 것을 따지지 않고 타이베이 200인·타이중 100인·가오슝 100인 및 각 지역의 선심善心들이 모여, 일순간에 공익기금이 4억 위안으로 늘어났다.

후에 홍콩 기업가 호양신혜胡楊新慧 여사가 마카오 기업계와 연합해서 '일필자 자선경매회'를 열고 판매금 전액을 공익기금으로 기부해서 선한 기금이 한층 더 쌓이게 됐다.

소위 '공익신탁기금'이라는 것은 함부로 인출할 수 없고, 필히 공공이익이란 목적에 부합해야 은행에서 지불되는 구조이다. 이것은 개인이 사적으로 금전을 사용할 수 없는 매우 공정·공평한 구조라고 생각한다. 나중에 제자들이 나를 도와 '진선미 신문전파상'·'삼호실천교원상'·'전 세계 화문華文문학상'·'교육상' 등을 제정해서 매년 기금에서 따로 금액을 정해서 수상자들을 격려하고 있다. 우리는 또 천하문화 창간인 고희균高希均 교수·타이완문학관 이서등李瑞騰 관장·불광대학 양조상楊朝祥 총장을 4개 항의 평의위원회 주임위원으로 초빙했다.

"다른 사람을 돕는 것은 행복의 기초다"라는 말이 있다. 어떤 이가 천신만고 끝에 상(獎) 타는 것을 보는 것, 어느 문화예술단체가 도움을 받아 지속적으로 이상 추구 및 목표 달성 하는 것을 볼 때 나도 덩달아 행복해진다. 항상 느끼는 거지만, 평생 남으로부터 많은 격려와 지지를 받아온 내가 남을 위해 조금이나마 행복과 희망을 줄 수 있다면 온 마음을 다해 최선을 다할 것이다.

'일필자'를 서사하는 과정 중 어느 해에 불광산에서 도중강습회徒衆講習會를 하는데, 전 세계에서 모인 1,300여 명의 출가인을 보고 이들의 홍법 노고에 무엇으로 장려할지를 생각하다가 한 사람당 '일필자' 한 장씩을 써주기로 했다.

며칠을 고생해서 겨우 천여 장을 다 써서 나눠주는데, 흥분하면서 받는 이가 있는가 하면 그냥 종이 한 장 받는 것처럼 담담하게 받는 사람도 있었다. 나는 '스승이 난감하구나!' 하고 느꼈다. 생각해 보니 그들이 틀린 것도 아니다. 나는 며칠을 고생해서 썼지만 그들이 받은 것은 종이 한 장일 뿐, 무엇이 대단할까? 그래서 제자들의 반응에 대하여 아직도 미안한 마음이 있다.

글로 인연을 맺는 심경

비록 그렇다 하더라도 나는 제자들이 글씨만 보지 말고 숨은 뜻을 보기 바라고, 글자 구절 가운데는 고덕古德의 가르침이 있으니 우리네 수행생활에서 매우 중요한 것들이라고 말해 주고 싶다. 예컨대 타이베이 도량 주지 각원覺元 스님은 그 참뜻을 잘 알고 있다. 그는 '근언신행(謹言愼行: 말을 삼가고 행동을 신중히 하라)' 네 글자를 받고는 이 말 한마디가 자기 인생에서 너무 중요하다며, 모든 일에 응당 근언신행해야 한다며 매우 즐거워했다.

세상엔 기묘한 일들이 많고 내 글에 대해서도 많은 신기한 전언傳言들이 있다. 제자가 내게 말하길, 어느 신도 집에 도둑이 들었는데 다른 것은 손도 안 대고 내 글 한 장만 가져갔다고 했다. 이 얘기를 듣고 난 신도님께 글 십여 장을 써드리고 싶었다. 또 다른 신도 집에 화재가 났는데, 다른 건 다 타버리고 벽에 걸려 있던 내 글만 온전했다는 얘기도 있다. 그리고 내 글을 표구해 주는 황 여사님 동네에 물난리가 나서 온 동네가 피해를 입었는데 내 글이 잔뜩 쌓인 황 여사님 집만 무사한 것을 두고 황 여사님은 내 글 때문에 구원을 받았다고 말했다.

한번은 베이징 기업가 이소강李小剛 선생이 불광산으로 참방參訪을 왔는데, 불광연佛光緣미술관의 내 '일필자' 전시품 중 "유니진호(有你眞好, 요우니 쩐 하오: 당신이 있어서 참 좋아요)"를 보고 감동받았다고 한다. 원래 이 선생이 태어나서 아버지에게 한 첫 마디가 '호(好, 하오)'였다고 하면서, 무슨 일이 있어도 이 글을 사서 아버지에게 드려야겠다고 하는 것이다. 그런데 동시에 다른 한 사람도 이 글을 보면서 눈물을 글썽이며 가지고 싶다고 하는 게 아닌가. 두 사람이 어찌할 바를 모르고 있을 때 내가 소식을 전해 듣고 한 폭을 더 써서 두 사람의 심원心願을 풀어 준 일도 있었다.

또 어떤 부모는 자식들에게 유산 대신 내 글을 큰아들과 둘째 아들에게 각각 한 장씩을 물려주겠다는 사람도 봤다. 이렇게 여러 가지 내 글에 관한 재미있는 이야기와 기묘한 일들이 있다.

근래 몇 년 동안 매일 '일필자'를 쓰는 것 외에, 1996년부터 '평안길상平安吉祥'이란 신춘新春 축하 춘련(春聯: 설날에 쓰는 축하 문구)을 쓰기 시작하면서 매년 춘련으로 신도들과 좋은 인연을 맺고 있다. 나는 계속 다음 내용들도 썼다. '상화환희祥和歡喜'·'원만자재圓滿自在'·'안락부유安樂富有'·'천희만복千喜萬福'·'세기생춘世紀生春'·'선연호운善緣

好運'·'묘심길상妙心吉祥'·'신심자재身心自在'·'공생길상共生吉祥'·'춘래복도春來福到' 등이 그것이다. 2007년에는 십이생초十二生肖를 배경으로 글을 구상해서 '제사원만諸事圓滿'(돼지띠)·'자덕분방子德芬芳·중연화해衆緣和諧'(쥐띠)·'생경치부生耕致富'(소띠)·'위덕복해威德福海'(호랑이띠)·'교지혜심巧智慧心'(토끼띠)·'용천호우龍天護佑'(용띠)와 2013년에 '곡직향전曲直向前·복혜쌍전福慧雙全'(뱀띠) 등을 썼다.

내가 신춘 축사를 쓰는 것은 사람들이 중화문화 고유의 미덕을 회복하고, 춘절 기간에 놀기만 하지 말고 춘련에 쓰여 있는 구절에 따라 스스로 격려하라는 뜻과 세상에 기쁨을 보태기 위해서이다. 이렇게 해서 지난 10여 년 동안 제자들의 인쇄와 발행 덕에 전 세계에 수백만 장이 발행됐으니, 이게 바로 내가 얘기하는 중화문화의 오대주 전파가 아니겠는가?

결론적으로, 근래 들어 비록 눈은 안 보이지만, 꾸준한 쓰기와 연습하기로 불가능한 임무를 완성했으니 '일필자'의 기적을 이뤘다고 할 수 있다.

◆ 본문출처: 2013년 『백년불연 4-사연편 2』

◆ 세상에 작은 인물은 없다. 대발심大發心하면 바로 큰 인물이다. 세상에 큰 문제는 없다. 마음을 비우면 다 별것이 아닌 것이다.

◆ 억만장자라도 전문기술 하나 있는 것보다 못하고, 경론經論을 아무리 많이 알아도 선한 마음 하나보다 못하다.
고담활론(高談闊論: 고상하고 활달하게 이야기함)일지라도 구정九鼎의 말 한마디보다 무겁지 않다. 문장 길이가 길다고 해도 천금 같은 한 자字보다 못하다.

_ 본문출처: 『불광채근담』

❖ 나는 어떻게 불광산을 관리하는가

많은 사람들이 불광산은 관리가 잘 되고 다툼이 없는 단체라고 칭찬한다. 나에게 "어떻게 관리하십니까?"라고 물으면 순간 대답하기 힘들다. 왜냐하면 '법무정법(法無定法: 만물은 일정한 인연이나 조건에 의존해 존재하는 것이지, 그 자체가 어떤 규정성도 없음)'이라, 관리할 때 정해진 규칙이 있었던가? 굳이 내게 관리규칙 근거를 대라면 불교의 계율이라고 말하겠다. 하지만 불교 계율도 지리·시대·기후·풍습이 틀리기 때문에 일괄적으로 얘기할 수 없는 일이다. 사찰에 청규淸規를 적용하는 것도 인원·사업의 다양성과 성격의 상이성 때문에 변화가 있어야 된다.

그래서 '관리'는 한 가지 법을 가지고 설명될 수 있는 것이 아니고, 순전히 '좋은 생각하기'·'남을 선하게 대하기'·'선을 따라 정도를 지키기'라는 준칙을 갖고 상대를 배려하는 입장에서 임하면 되는 것이다.

정치는 국민을 위해 봉사하는 것이지 억압의 수단이 아니다. 봉사하는 정치라면 모두가 좋아할 것이고, 반대로 억압하는 정치라면 반항을 초래할 것이다. 내 관리학은 순전히 자연 순리적이라고 얘기할 수 있다! 내 생각에 하늘은 하늘의 성품이 있고, 땅은 땅의 성품이 있고, 사람은 사람의 성품이 있고, 사물은 사물의 성품이 있으니, 천시天時·지리地利·인화人和에 순응해 잘만 활용하면 모두가 크게 기뻐하게 될 것이다.

일찍이 타이완대학에서 나에게 '관리학' 강의를 해달라고 초빙한 적이 있었다. 부끄럽게도 강의를 어디서 어떻게 시작해야 될지 몰랐다. 단지 평소 '성誠'·'리理'에 맞게 처신했고, 신용을 지키고 존중을 중시했을 뿐인데, 학술 이론을 강의해야 된다니 실로 어찌할 바를 몰랐다.

일반적인 관리라면 재무·사업·인사를 벗어날 수 없을 것이다. 사실 사람은 단지 돈을 위해 일하는 것은 아니니, 돈이 아무리 많아도 인간의 욕망을 충족시키지는 못한다. 사람을 존중하고, 편의를 제공하고, 기쁨을 주는 것이 사람들을 가장 쉽게 만족시키는 길이라고 생각한다. 내가 남과 분쟁이 생기지 않은 주요 원인은 내가 사람에 따라, 일에 따라, 각종 차이에 따라 합리적으로 매 순간을 대처하기 때문이다.

'관리'에 대한 내 철학은 '관리하지 않는 것'이다. 듣기에 불합리하고 관리하지 않은 사회단체가 매우 혼란스럽지 않나? 하고 반문할지 몰라도, 사실 그렇지 않다. 도교道教에선 '무위이치無爲而治'라 하고, 불교에선 '자아각오自我覺悟'라고 한다. 개개인이 스스로 각성하고 깨달을 수 있다면 자기가 자기를 관리하는 관리자가 되는 것이다. 모두가 스스로의 관리사인데 '관리학'이 왜 필요하겠는가?

현대사회에서 관리학은 매우 보편적이다. 학교관리·병원관리·공장관리·재무관리·인사관리 등등… 도처에 관리학이다. 관리학의 유형이 대단히 많지만 사실 진정한 관리학은 '관리하지 않는 것'이다. 어떤 사람들은 관리할수록 혼란스러워지는데, 차라리 관리를 안 하면서 관리하는 것이 진정 관리의 고수인 것이다. 관리자는 능력이 있어야 하고, 관리를 받는 자는 너무 자아에 빠지지 않고 영민해야 하고 자각이 있어야 관리체계가 잘 유지되는 것이다. 아무리 유능한 리더도 우둔한 부하를 만나면 속수무책이 되고, 아무리 우수한 간부라도 안 좋은 상사를 만나면 능력을 발휘하기 힘든 법이다. 그래서 좋은 관리는 어느 개인의 일이 아니라 조화로운 팀웍(teamwork)에 달려 있다고 할 수 있다.

한번은 미국 서래사에서 제자 한 명이 어떤 일에 대해 이해를 못하기에 내가 물었다. "스님은 무엇을 전공했지?" 그가 대답했다. "관리학을 배웠습니다." 그래서 생각해 봤다. 재무관리는 쉽다, 돈은 말을 못하기 때문에. 사무를 관리하는 것은 쉽다, 사무는 말을 못하기 때문에. 그러나 사람을 관리하는 것은 어렵다, 사람은 생각이 있고 관점이 있기 때문이다. 그러나 실질적으로 사람 관리하는 것보다 더 어려운 것은 마음을 관리하는 것이다. 그래서 나는 항상 가장 어려운 관리는 '마음'이라고 얘기한다.

금전관리·인사관리·물품관리 등 모든 관리는 '인과因果'를 우선 이해해야 한다. 이른바 "원인자리(因地)가 바르지 않으면 그릇된 결과를 초래한다"는 말처럼, 시작부터 방법·제도를 정비해 놓지 않으면 당연히 연속적으로 문제가 생길 수밖에 없다. 만약 사전에 제정한 규범이 모두에게 적합하다면 자연히 모든 일이 간단하고 무사할 것이다.

'권력'과 '재무'의 구획

불교에서는 금전적인 문제에 관한 한 동자승도 '금은보화를 지니지 않는다'는 원칙을 수지受持한다. 과거 승단에선 은행에 저축하는 문제가 없었다. 하지만 지금은 시대가 달라서 합리적인 경제개념이 있어야 합리적인 생활이 가능하다. 나는 어린 시절 가난 때문에 돈이 필요 없는 습관을 가졌지만, 너무 가난해서 탐욕을 부리는 사람도 있다. 다행스럽게 난 이미 '공무空無'를 생활의 중심으로 삼고 있어서 금전에 대해서도 '공무'의 자세로 대한다.

하지만 개인은 공무로 임할 수 있지만 사찰과 승단은 공무로 해결될 문제가 아니고 필히 건전한 재무관리제도가 있어야 한다. 나의 재무관리제도 이념은 "권한이 있는 사람은 돈을 관리해선 안 된다. 돈을 관리하는 사람은 권한을 가지면 안 된다"이다. 말하자면 권한 있는 사람이 돈을 쓸 때는 합당한 이유가 있어야 하고. 돈 관리하는 사람은 돈을 집행하는 권한이 없고 다만 관리를 적절하게 해야 한다는 것이다.

일찍이 불광산을 개산할 때 건설·교육·문화·생활 등 막대한 책임과 권한을 갖고 있던 1급 책임자들도 돈의 입출금엔 접근할 수 없었다. 금전은 다 소집사小執事가 관리하고, 소집사는 권한을 갖고 있는 사람의 통제 하에 있었다. 사용 시에는 권한을 갖고 있는 사람이 여러 관계부서와 소통한 후에야 큰돈을 쓸 수 있었다.

내가 초기 교단의 재무를 어떻게 관리했을까? 한번은 돈을 병풍 뒤에 놓고 제자들에게 말했다. "돈이 필요한 만큼 병풍 뒤에서 가져가라. 1원을 가져갔다고 해서 너무 적다고 안 할 것이고, 만 원을 가져갔다고 해서 많다고 안 할 것이다. 돈은 스님들이 쓰기 위해 있는 것이니 필요하다고 생각되는 만큼 가져가라." 이른바 '각취소수(各取所需: 각자 필요한 만큼 취함)'가 돈을 쓰는 나의 방도인 것이다.

사실 제자들은 불광산 도량이 재무적으로 어렵다는 것을 안다. 모든 물자는 시방대중十方大衆으로부터 오고 대중을 위해 쓰인다는 것도 알고 있다. 불광산 개산 이래 40여 년 동안 현재까지 꾸준히 건설과 작업을 해 온 터라 거의 매일같이 자금에 허덕이는데, 도량에서 누가 돈을 낭비할 수 있겠는가? 사지 말고 쓰지 말라는 얘기가 아니다. 도량에서 이미 우리에게 먹을 것·입을 것·일상용품·의료보험까지 다 제공하는데 돈이 우리에게 무슨 용도가 있겠는가? 내 기억으로 50년 전 100명의 제자에서부터 30년 전 1,000여 명에 이르기까지, 병풍 뒤에 놔둔 10만 위안은 그다지 줄어들지 않았다.

그래서 불광산에선 부당하게 금전을 사용하거나 부정부패와 같은 일은 일절 발생하지 않는다. 이것은 다 소집사가 금전관리를 잘하고, 권한을 갖고 있는 장로는 여법하게 도량의 수요자금을 신청해서 처리하기 때문이다. 재무가 분명하고 권한을 갖고 있는 사람이 함부로 돈 못 쓰게 하는 것이 모두가 무사할 수 있는 방법이 되는 것이다. 불광산 초기의 집사들인 심평·자장·자혜·자용 스님은 한 번도 은행에 간 적 없고 장부도 기록한 적이 없다. 이들은 오로지 도량에 자금이 없다는 것을 알고 근면하고 아껴야만 불광산의 미래가 있다고 믿었을 뿐이다.

천금을 소진한 가치

재무의 운용에 대해 나는 국가는 부유해야 하고, 우리 같은 단체는 궁핍해야 된다고 생각하는데, 특히 사찰이 더 그렇다. 내 신념은 '불광산은 궁핍해야 한다'이다. 그래야만 오래 생존할 수 있는 것이다.

돈으로 일을 성사시킬 수도 있고 그르칠 수도 있다. 재벌집 자손들처럼 돈이 많으면 사단事端이 생겨 안 좋은 결말을 맞는 경우도 있다. 그래서 내가 불광산은 궁핍해야 한다고 주장하는 것이다. 불광산에 다툼이 없는 중요한 이유는 돈 없음과 빈곤이다. 그래서 수십 년 동안 누가 불광산의 살림을 도맡아 금전을 관리하겠다고 나서는 이가 없는 것이다. 허나 일단 구좌에 돈이 들어오면 모두에게 알려서 어디에 어떻게 쓸 건지 상의하고 결정한 후 큰 액수의 공금을 집행한다.

'돈이 필요 없다'는 원만한 개념이 아니다. 왜냐하면 돈이 있어도 대중의 것이고 내 것이 아니기 때문에 돈이 들어와도 마음대로 쓰면 안 되는 것이다.

그래서 나는 돈을 쓸 수 있는 사업을 생각해 냈다. 대학 설립·TV방송국 설립·신문 창간 등 몇 가지 문화교육사업이 그것이다. 이외에도 구제救濟·무료 의료·양로원 및 유아원 등 밑 빠진 독에 계속 돈을 부어야 하는 사업을 해야 하기 때문에 불광산은 항상 경제적으로 어렵다.

그렇지만 상관없다, 궁핍해야 분발하고, 궁핍해야 힘이 생기고, 궁핍해야 발전할 수 있는 것이다. 빈곤한데도 분발하지 않으면 대학도, TV방송국도, 신문도 다 없어지는데 우리가 생존할 수 있겠는가? 불광 제자들은 자기 의무를 잘 알고 있다. 임무는 무겁고 길은 멀기만

하다. 모두가 합심해서 절약하고, 재원을 개발하고 지출을 줄이며, 공평하고 사사로움 없이 사회를 위해 봉사하는 것을 주요 목적으로 삼아야 한다.

때론 빈곤도 좋은 점이 있다. 어떤 이가 돈이 생겨 도로공사 하는 것을 가정해 보자. 도량에서 조금만 엄하게 관리하면 성을 내며 떠나거나, '내가 돈이 있는데 다른데 가서 절을 세우겠다'고 말하거나, '비행기 표를 사서 해외여행을 가지, 당신의 관리를 안 받겠다'고 할 수도 있다. 이러면 이 사람은 돈이 많아서 안주安住 못하고 도리도 지키지 못하는 실패자가 되는 것이다. 반대로 이 사람이 빈곤하고, 돈이 없고, 갈 곳이 없다면 참을 수밖에 없을 것이고, 위에서 말한 경우와는 다른 길을 선택했을 것이다.

돈이 있어 해가 닥칠 수 있으니, 필히 큰 도덕·대자비·대포용·큰 근기根器가 있어야만 돈을 가질 자격이 되는 것이다. 돈을 공공이나 대중을 위해 쓰면 평안 무사할 것이다. 돈을 자기를 위해 쓰면 자연 이기적이 되고, 게을러지고, 맛있는 것만 찾고, 재미있는 놀이만 찾게 된다. 이런 사람이 온전할 리가 있겠는가? 빈곤함과 소탈함은 아름다운 생활이며, 특히 수도하는 사람은 돈이 있어서는 안 되는 것이니 이는 불변의 원칙이다. 그래서 부처님이 우리에게 계속 '소욕지족(少欲知足: 욕망은 줄이고 만족할 줄 알아야 함)'의 말씀으로 경고하시는 것이다.

돈은 없어도 된다. 그러나 도덕·지식·능력·지혜·자비는 있어야 한다. 그것들이 돈으로 변해서 돌아올 수 있기 때문이다. 세상에 돈만 보는 사람들이 있는데, 사실 돈보다 더 중요한 것이 많다. 예컨대 돈이 많은데 건강하지 않으면 무슨 소용 있나? 돈은 있는데 즐겁지 않으면 무슨 소용인가? 돈이 있는데 편안하지 않으면 무슨 재미가 있나?

그래서 건강·행복·편안함·즐거움이 돈보다 중요한 것이다. 돈을 건강·행복·편안함·즐거움과 바꿀 수는 없는 것이다. 돈이 많다고 꼭 즐겁고 행복하진 않다. 소탈한 생활 속에도 즐거움과 행복이 있는 것이다. 설령 돈이 있어도 우리의 인생 관념에 장애가 되어서는 안 된다. 돈으로 권세를 부리며 전횡을 일삼지 말고, 거만 떨지 말아야 한다.

2012년 12월 2일 세계불교청년회에서 일단의 비구들이 불광산 전등루傳燈樓에서 나에게 물었다. "큰스님은 어떻게 불교를 위해 이렇게 많고 큰 사업을 이룰 수 있었어요?" 나는 "그 많은 사업은 모두 여러분 것이고, 내가 가진 것은 오직 '공무空無'뿐입니다"라고 대답했는데, 이를 젊은 비구들이 이해하기엔 쉽지 않을 것이다.

가령 내게 탐심貪心이 있었다면, 돈을 은행에 저축하거나 주식투자 혹은 고리대금업을 해서 돈과 관련된 여러 가지 일을 경영했을 것이다.

하지만 나는 안다. 이 모든 재물은 시방대중으로부터 온 것이고, 대중을 위해 써야 한다는 것을 잘 알고 있다. 그래서 나는 '공무'의 진리 속에서 '공무'의 사업을 발전시키므로 사업이 날이 갈수록 커지는 것이다.

그럼에도 불구하고 수십 년 동안 나는 책상도 금고도 은행잔고도 열쇠도 없고, 어음을 쓴 적도 없고 주식을 한 적도 없다. 권한도 있고 집행력도 있지만 돈을 직접 다룰 수 없다는 것을 외부 사람은 모를 것이다.

내가 '공무'의 이상理想을 실천하고는 있지만 실질적인 내 수입은 상당하다. 예컨대 내 '일필자'를 중국에서 자선 경매하는데 어떤 사람에게 몇백만 인민폐로 낙찰 받은 경우도 있었고, 내 저서가 중국작가 인세 부호 차트에 오른 경우도 있었지만, 나는 개인적으로 한 푼도 받지 않았다. 인세수입통지서가 내 손에 도착하기도 전에 난 이미 대각사大覺寺를 건립하고 감진鑑眞도서관을 건설하는 데 이 돈을 썼다.

그 밖에도 나는 항상 사람들과 인연을 맺는다. 오래전에 미국 LA에서 많은 유학생을 도왔는데, 신도들이 감동해서 돈을 봉투에 담아 주면서 "이 돈은 불광산에 주지 말고 큰스님 혼자 쓰세요"라고 하는 것이다. 신도들이 내가 돈이 없을까 봐 걱정하는 이유는 내가 돈을 달라고 하는 출가인이 아니기 때문이다.

내가 개인적으로 돈이 왜 필요한가? 책임질 가족도 없고 특별한 기호도 없다. 하지만 이런 따뜻한 신도의 성의를 거절할 수 없을 땐 "대신 공익기금으로 쓰겠습니다"라고 답한다. 이렇게 해서 공익기금이 점점 쌓여가는 것이다. 그래서 내가 '진선미 신문전파공헌상'·'삼호실천교원상'·'전 세계 화문문학상'·'교육상'을 만들어서 이 돈들이 '시방대중으로부터 오고 시방대중에게 돌아가, 모두가 같이 불사佛事를 이루어 가기를 바라는 마음'뿐이다.

최근 세상의 좋은 사람들이 조명 못 받는 것 같은 생각이 들어 '군자상'을 하나 새로 만들려고 한다. 과거에는 거리에 온통 군자였고 심지어 성인들로 꽉 찼었다. 하지만 지금은 좋은 사람들이 어디 있는지 모르겠다. 우리는 사회풍조가 쇠퇴하고 좋은 사람들이 가려지게 두어서는 안 된다. 사회에 좋은 영향을 끼치고 공헌하는 사람들, 차세대에 모범이 될 만한 선량하고 자비로우며 우애가 있는 사람들을 주목해야 하며 이들을 주목받게 해야 한다.

금전으로 악업을 행해선 안 되고, 금전을 공덕 쌓는 곳에 써야 한다. 신도들이 고생해서 번 돈으로 시주하는데, 출가인이 선한 돈을 왜 공공의 자산으로 귀속시키지 못하나?

돈으로 얘기할 것 같으면 이상理想을 공언하거나, 그저 '필요 없다', 혹은 '공무空無'만 주장할 수는 없다. 제자들도 옷을 입어야 하고, 약간의 용돈도 필요하고, 병원도 가야 되고, 간혹 속가로 돌아가 부모친척도 봐야 하니 돈이 조금 있어야 생활이 가능하다.

그래서 나는 일찍이 제자들에게 매월 일정한 용돈과 옷가지 지급 및 각종 생활용품 등을 줘서 일상생활에 결핍과 곤란을 느끼지 못하게 하고, 안심하게 수행에 정진할 수 있도록 하고 있다. 심지어 우리는 제자들이 1년에 한 번은 속가로 돌아가 부모친지를 만나게 하고, 귀가 선물도 제자들이 신경 안 쓰게 우리가 준비해 준다. 옛말에 "창고가 가득하면 예절을 알고, 의식이 풍족하면 영욕을 안다"는 말처럼, 나도 우선은 제자들의 일상생활의 문제를 해결해 주고, 그 다음으로 힘껏 대중을 위해 봉사할 것을 주문한다.

그 외에도 나는 불광산 대중과 불광회 인사와 관련된 공동준수규칙을 정했다. 예컨대 서로 간에 금전적인 왕래를 하지 못하게 규정했다. 좋은 친구 사이도 가끔 돈 때문에 분쟁이 생기고 이견이 생긴다. 또 불광산에서는 신도들의 시주를 받을 수 있으나, 불광회는 회원회비

외에 자유롭게 기부나 모금을 할 수 없게 했다.

불문佛門에선 인과因果 관념을 강조한다. 승려 개개인이 다 금전의 인과 관계를 이해하기 때문에 불광산의 진짜 장부帳簿는 벽에 걸려 있으며, 시주한 모든 분들의 성명이 방명록에 기재돼 있어서 누구나 볼 수 있고 내용을 쉽게 이해할 수 있다.

이상이 나의 재무관리 개념이다.

인원관리의 진정한 평등

이제 인사배치에 관한 여러 가지 생각과 의견을 애기해 보겠다.

불교의 인사관리 중 가장 지적받는 것은 60년을 출가한 사람도 '스님'이라고 부르고, 출가한 지 하루밖에 안 된 사람도 '스님'이라고 부르는 것이다. 이걸 어떻게 평등하다 할 수 있는가?

진정한 평등은 평등 속에 차별 있고, 차별 중에 공정한 도리가 있어야 한다. 그래서 불광산에서 출가한 스님들은 학업·도업道業·사업에 따라 서열을 정하지 출가 연수年數만 가지고 정하지 않는다.

서열은 청정사淸淨士·학사學士·수사修士·개사開士·대사 등 총 5등급이 있다. 지금 막 출가한 사람이면 청정사 1급, 대학 학업을 마친 상태면 학사 1급, 석·박사를 졸업하고 전문적인 재능이 있으면 능력·발심에 따라 학사 2급에 들어갈 수 있다. 원칙적으로 청정사는 6급이 있는데 청정사로서 계를 받으면 학사로 진입할 수 있다.

학사는 매 2년마다 한 단계 승급하고, 모두 6급이 있다. 다음으로 수사는 매 4년마다 심의하고 모두 3급이 있다. 수사 다음으로 개사가 있다. 개사는 5년~10년마다 한 번 심의하고 모두 3급이 있다. 예컨대

20살에 출가해서 45년 후 65세가 되고 5개 과목을 거쳐 학업·사업·도업에 정진했고 도량·불교에 대해 공헌이 있으면 '대사'로 승급할 수 있는 것이다.

내가 불광산에서 대사로 불리는 것도 이런 세월을 통해 천천히 성장한 결과이다. 지금 내 나이 86세, 출가한 지도 74년 됐다. 58세에 불광산을 후임에게 전법하고 퇴위할 때 불광사 제자들이 내게 차별성 있는 봉호封號를 지어 주려 논의했다. 나의 학업·도업·사업이 다 그들 평가기준에 부합했기 때문에 '대사'라는 칭호를 받게 됐다. 그러므로 인사의 발판은 평등한 것이다. 다만 '삼조비공(三鳥飛空: 매·비둘기·참새가 허공을 나는데 한 번 날갯짓으로 갈 수 있는 거리가 다름)'과 '삼수도하(三獸渡河: 코끼리·말·토끼가 강을 건너는데 같은 강에 머리는 다 물 밖으로 내놓고 건너지만 강바닥에 다리가 닿는 것과 닿지 않은 것의 차별이 있음)'처럼 각자가 처한 상황이 다를 뿐이다.

불광산의 사업을 어떤 등급의 사람에게 맡기는 것이 적정한가를 판단하기 위해 '종무위원회'를 설치했고, 그 기준에 따라 각종 인사 평가를 한다. 인사 승격의 통로는 많다. 예컨대 종무위원회·장로·각 주지住持·전등회傳燈會 등이 승격에 도움을 줄 수 있다. 인사를 공평하고 공정하며 공개적으로 하는데 논쟁이 생길 일이 뭐가 있겠나? 사람은 누구나 불성이 있지만, 인생이란 마라톤에서 인내력·항심恒心·의지력이 있는 사람이라야 끝내 '삼각원 만덕구(三覺圓 萬德具: 자각自覺·각타覺他·각행覺行이 원만해야 만덕萬德이 구비됨)'를 이룰 수 있는 것이다!

과거에 "차라리 한 무리의 병사를 이끌지, 한 무리의 승려는 이끌지 않는다"는 말이 있는데, 이것은 꼭 맞는 얘기가 아니다. 당초 부처님께서 '육화승단六和僧團'을 제정했는데 다음과 같은 여섯 가지 방법을 제시했다. 첫째 신화동주(身和同住: 승단의 화합), 둘째 구화무쟁(口和無諍: 언어의 찬사), 셋째 의화동열(意和同悅: 마음의 기쁨), 넷째 계화동수(戒和同修: 법제의 평등), 다섯째 견화동해(見和同解: 사상의 통일), 여섯째 이화동균(利和同均: 재물의 평균).

육화六和를 생활화하기 위해 나는 세상에 '삼호三好'를 제창했다. 삼호는 몸은 좋은 일을 하고, 입은 좋은 말을 하며, 마음은 좋은 생각을 하는 것이다. 그 외에 '사급四給'도 제창했다. '사급'은 사람들에게 신념을 주고, 기쁨을 주며, 희망을 주고, 편의를 주는 것이다. 특히 나는 '오화五和'를 제창하는데, '오화'는 내 마음의 화락和樂, 가정의 온순, 남과 나의 화합과 존경, 사회의 화합과 조화, 세계평화 등이다. 내가 인사에 대해 가장 중시하는 것은 대립하지 않는 것이다. 집단으로 창작創作하면서 집단으로 이루고, 분업하며 합작하고, 합작하며 분업하는 것이다. 인사人事에는 대립이 있을 수 없고, 상하에는 순서가 있으니 모두가 서로 돕고, 양해하고, 믿고, 이해해야 비로소 집단창작이 가능한 것이다.

근거 있는 진퇴進退의 규정과 원칙

과거 총림의 청규淸規에는 주먹질을 하거나 욕을 하면 제명하게 돼 있었다. 혹은 살殺·도盜·음淫·망妄 등 근본대계根本大戒를 어겨도 제명을 당했다. 하지만 지금에 불광산에서 난 아직 근본대계를 어기는 일을 보지 못했고 누가 주먹질을 하거나 욕하는 일은 들어본 적이 없다. 그래서 근 10년 이래 불광산의 인사관리는 기본적으로 명예제도를 건립하는 데에 있다. 대략 보름 혹은 일정 시간에 한 번씩 모여서 자기 자신에 대해 얘기하고 참회하고 잘못을 바로잡는다.

과거 중국 총림에서는 사미沙彌들이 잘못을 하면 부처님께 예불하고 무릎 꿇고 향 올리는 벌을 내렸다. 허나 난 예불과 향 올리는 일은 영예스러운 좋은 일인데 어떻게 벌의 도구로 할 수 있는지 이해할 수 없었다.

그래서 나중에 불광산 사미들이 잘못을 하면 '잠자는 벌'을 내렸다. 예불은 물론 독경도 못하게 했다. 잘못을 했기 때문에 침대에 누워서 다른 사람들이 독경하는 소리를 듣고 마음속으로 자연 파동이 생겨 스스로 부끄러움을 느껴서 자각적으로 잘못을 고치게 하는 것이다.

나는 자각(自覺: 자기 스스로 각성함) 교육을 제창하는 사람이다. 남이 와서 질책하고 훈계하기 전에 스스로 먼저 각성해야 하고, 내가 '자각'해야 '각타(覺他: 남을 각성하게 함)'할 수 있고, 장차 '각만(覺滿: 각행원만)'해서 불도와 상응할 수 있는 것이다.

불광산도 자체 청규가 있다. 예컨대 '시간을 넘기지 않고 삭발하고, 속가에서 야숙夜宿하지 않고, 재물 왕래를 안 하고, 승려의 윤리를 어기지 않고, 사사로이 제자를 받지 않고, 사적으로 돈을 축적하지 않고, 사적으로 도량을 건설하지 않고, 사적으로 신도와 사귀지 않고, 사적으로 각종 모금을 받지 않고, 사적으로 청탁하지 않고, 사적으로 재산을 불리지 않고, 사적으로 음식을 만들어 먹지 않는다 등등.'

우린 또 불광인의 성격을 스스로에게 주문한다. '불교가 제일이고 나는 둘째, 도량이 제일이고 나는 둘째, 대중이 제일이고 나는 둘째,

사업이 제일이고 나는 둘째.'

불광산이 기타 종교계와 가장 다른 점은 비구와 비구니의 평등, 승단과 신도의 공평한 대우를 통해 칠중七衆이 공유하는 도량과 교단을 만든 것에 있다.

불광산에서 어떤 이의 신분에 대해 모를 때 어디에 사는지만 알아도 그 사람의 상황에 대해 알 수 있다. 동산東山에 살고 있다면 비구중부(男衆僧部)에 속한 것을 알 수 있고, 서산에 살고 있다고 얘기하면 비구니중부(女衆僧部)에 속한다는 것을 알 수 있다. 대자암大慈庵에 살고 있다고 얘기하면 30년 이상 출가한 사람이란 것을 알 수 있고, 혜자루慧慈樓에 살고 있다면 출가한 지 20년이 안 된 사람이란 것을 알 수 있다. 묘혜루妙慧樓에 살고 있으면 신분이 아가씨이거나 직원인 것이다. 사고루師姑樓에 살면 신분이 사고인 것이고, 삼호루三好樓에 살면 의공(義工: 자원봉사자)인 것을 알 수 있다. 묘산회관廟山會館·마죽원麻竹園에 기거하면 순례자나 신도인 것을 알 수 있다. 불광정사佛光精舍에 살고 있으면 정년해서 요양하는 곳이며, 육유원育幼院에서 생활하면 우리의 어린이들인 것을 알 수 있다. 그래서 불광산에선 각자가 쓰는 것·필요한 것·거주居住하는 모든 것이 구비되어 있는 것이다.

내가 불광산의 대중과 교류할 때 행정에 관한 것이면 대부분 회의를 열어서 원칙적인 지도를 하고, 힘든 일을 하는 대중을 상대할 때는 현장에 들려서 직접 만나보고 대화를 한다. 신도들이 내게 먹을 것을 주면 모아 놨다가 어느 정도 분량이 되면 대중들에게 나눠준다. 나는 진정으로 부처님의 '이화동균利和同均' 제도를 실행하고 있는 것이다.

마음속에 중생을 품고 솔선수범한다

불광산에서 주지를 한 대화상大和尙들은 반드시 승중僧衆을 인솔해서 수행을 해야 한다. 아침저녁 법당예불·발우공양 및 오당공과(五堂功課: 아침저녁 예불 및 세 끼 발우공양)를 대중들과 같이 해야 한다. 도감원은 사찰 업무를 맡아 하는 곳이며 대중들의 수요충당에 조금의 착오도 있어서는 안 되는 것이다. 승단에선 일반대중과 마찬가지로 설날에 위로(圍爐: 둥근 큰 탁자에 모여 앉아 식사를 하는 것)를 한다. 설날이 지나면 여러분의 노고에 감사하는 의미에서 보차普茶 혹은 차서茶敍를 마련해 친선모임의 자리를 마련한다.

나는 불광산에서 여러 개의 적수방(滴水坊: 식당)을 운영하고 있다. 예컨대 전등루적수방·향광정적수방·미술관적수방·장수림樟樹林적수방 등이 있다. 가끔 제자들이 식사시간을 놓쳐도 이들 적수방에서 먹을 수 있다. 사람에겐 누구나 친구와 친지가 있으니, 손님이나 가족들이 오면 이곳에서 대접할 수 있다. 승단에게 이렇게 편의를 제공하면 사형사제師兄師弟 간에 소통의 장소로도 활용할 수 있고, 불광산의 제자로서 이렇게 큰 공간을 공유할 수 있으므로 더 안심하고 불사佛事에 정진할 수 있는 것이다.

나는 출판사가 있어 저작이 있는 사람을 위해 책을 출판해 주고, 문장을 쓰는 사람을 위해 내 신문이나 학보에 칼럼을 실어 준다. 전등회와 미술관에서 제자들의 뛰어난 재능을 위해 '해회운래집海會雲來集-불광산승중재능연합전시'를 개최해 우수한 제자들에겐 상금을 줘서 장려하고 있다.

내가 특별히 중시하는 게 있는데, 아침 예불에는 참석 안 해도 내가 살피지는 않지만 아침 공양을 안 먹으면 더욱 봐줄 수 없다. 왜냐하면 아침 공양을 먹어야 하루 일과와 수행이 시작되기 때문이다. 이 모든 것이 인성의 관리와 인성의 생활인 것이다.

불광산의 사무감원寺務監院은 행정업무관리 외에 식품·물품관리도 하고 있다. 창고 책임자는 늘 창고에 무슨 물품이 얼마나 있는지 대중에게 알려야 하고, 보름에 한 번씩 출간하는『불광통신』에 공지해야 한다.『불광통신』의「창고가 말하다」칼럼에서 도량에 무엇이 얼마나 있는지 대중에게 알리면 필요한 사람들이 사무감원에 가서 신청하면 되는 것이다.

사무감원 안에는 가사·양말·신발 등 생활용품이 항상 충분히 비축되어, 설령 갑자기 100명 혹은 200명이 출가한다고 해도 충분한 양이 언제나 준비돼 있다. 사무감원 안에는 대중을 위해 각종 생활필수품이 비축돼 있고 항상 전문 책임자가 잘 관리해서 부족함이 없다.

평상시에 도량은 매년 대중에게 가사 한 벌, 2년에 장삼長衫 한 장, 신발과 양말은 1년에 두 켤레씩 배급한다. 지금은 물자가 풍부해서 모두들 결핍의 고통을 모른다. 그러나 과거 총림의 청중淸衆들은 늘 물자가 궁핍했다. 지금 본산本山의 청중들은 옷을 단정하게 입고 위엄 있게 걸으며 행주좌와(行住坐臥: 걷고 정지하고 앉고 눕는 4가지 동작)의 위의威儀를 갖추었다.

불광산의 쌀과 양식·야채는 상인들과 일정한 계약을 해서 매주 마다 쌀·밀가루·채소·식용유와 소금 등을 제시간에 공급받는다.

불광산은 모든 것을 비축하기 때문에 제자들은 돈이 필요 없고, 길에 나가 물건을 살 필요도 없으니 실로 서방극락세계와 같이 생각한

대로 되고, 뜻에 따라 사용할 수 있으며, 행함에 따라 소유할 수 있다.

생활에 근심이 없다고 해도 불광산의 모든 제자들은 근검절약이 몸에 배어 옷 한 벌도 몇 년을 입고 신발이나 양말 한 켤레도 오랫동안 신는다. 제자들이 이미 몸으로 실천하고 있기 때문에 내가 나서서 근검절약을 강조할 필요가 어디 있겠는가?

일반인들은 나의 일 처리를 좋게 얘기하면 패기 있다고 하고, 안 좋게 얘기하면 겁이 없다고 한다. 실제로 나는 어떤 일을 해도 착실하게 앞뒤를 살피고 확실히 성공할 확신이 있을 때에만 실행한다. 만사를 사람에게 피해 없고, 대중에게 유익하고, 사람에게 실례가 안 되고, 대중을 옹호할 수 있어야 실행한다.

세상 모든 일에 완전한 것은 없다. 어떤 좋은 일도 부분적으로는 이견이 있지만 굳이 따지진 않는다. 세상엔 필경 다른 의견을 견지하는 사람이 있을 것이니, 지금과 같은 민주화 시대에선 다수결로 하면 그만이다.

예컨대 내가 대학을 설립할 때 많은 사람들이 지금은 저출산 시대인데 대학 설립은 맞지 않다고 얘기했다. 하지만 나는 교육에 적당한 시대는 없다고 생각하고, 사람으로 태어난 이상 영원히 교육을 받아야 한다고 생각돼서 그들의 의견에 개의치 않았다.

신문 창간도 마찬가지다. 많은 전문가가 종이 신문이 하락하는 추세인데 왜 불나방처럼 불속으로 뛰어 들어가느냐고 경고했다. 그렇지만 난 불교는 종이 신문으로 전파해야 하고, 사회는 건강한 언론이 필요하고, 가정엔 노소가 같이 볼 수 있는 신문이 필요하다고 생각했다. 이 신문이 가정으로 들어가 노소가 같이 보고 얼굴 붉힐 일 없으면 되는 생각 때문에 득실을 안 따지고 신문을 창간했다.

현재 『인간복보』·'인간위성TV'는 경영상 약간의 어려움은 있지만, 10여 년 동안 타 매체에 뒤처지지 않게 정상적으로 출간하고 방영되고 있다. 대학도 마찬가지로 해마다 학생이 늘고 있다. 고로 일을 할 때 자기 자신이 아닌 대중의 수요와 사회의 수요를 충족시킬 수 있으면 생존할 수 있는 것이다.

나는 계속 불교도 사람들이 받아들일 수 있어야 된다고 얘기한다. 부처님도 생전에 '보동공양普同供養'의 제도를 행하셨다. 대중공양을 받으려면 배움과 덕이 있어야 한다. 게으르고 이기적이면 아무도 당신과 왕래하지 않을 것이다.

특히 우리 같은 출가인은 만인(대중)의 밥을 먹어야지 한 집(개인)의 밥만 먹을 수 없지 않은가! 지금 어떤 출가인이 모 인사의 호법공양이나 지지를 받는데, 이에 만족하여 불법을 더 이상 전파하지 않는다면 얼마나 아쉬운 일이 되겠는가! 자신이 갖고 있는 재능을 소수의 사람들이 사 간다면 아무런 의미도 없어지게 된다.

그러므로 우리가 갖고 있는 모든 능력을 최대치까지 발휘해야 한다. 비록 어설퍼도 불법이 우리에게 준 이익과 인연 기회를 통해 불법을 밝히고, 아낌없이 불광이 세상을 두루 비추도록 해야 한다.

인재를 망라하고, 영속적으로 전승한다

나는 어떤 일이든 사람들과 협력하는 것을 좋아하지만, 어떤 사람들은 나를 두려워하고 내가 제멋대로 한다고 생각하면서 피해를 입을까봐 걱정한다. 사실 내 나이쯤 돼서 인생을 돌이켜보면 누구 하나 해

친 적 없고, 빚진 적 없고, 누구에게도 부끄러운 일 한 적이 없다. 여러분 모두 이런 나를 엄격하게 평가해도 좋다.

나는 항상 대중에 녹아들어서 대중에게 큰 기쁨을 선사하려 노력했다. 부처님이 "나도 승단 중에 한 사람일 뿐"이라고 말씀하신 것처럼, 한 알의 모래가 시멘트에 섞여 콘크리트가 되어야 튼튼한 집을 만들 수 있듯이, 힘을 모아야 단단한 역량을 만들 수 있는 것이다.

그래서 불교는 개인을 중시하지 않고 대중을 중시한다. 손가락 한 개로 다섯 손가락으로 된 주먹을 이길 수는 없는 노릇이다. 옛말에 "어리석은 사람도 많은 생각을 하다 보면 반드시 하나쯤은 득이 있다"고 했다. 개인이 아무리 재능이 출중해도 세 명의 보잘것없는 사람보다는 못한 것이다.

나는 '집단창작'을 아주 좋아한다. 이른바 '집단창작'은 모두가 일의 목표에 대해 간섭하는 것이 아니라, 봉사하는 정신으로 일에 매진하고, 공동으로 목표를 설정하고 주관의식을 가지는 것을 말하는 것이다.

단결에 관한 사람들의 인식은, 남이 먼저 손을 내밀어야 단결할 수 있다고 생각하고 내가 먼저 남에게 가서 단결하는 일은 생각하지 않는다. 나는 개인적으로 남과 단결하는 것을 좋아한다. 하지만 종종 남이 우리를 두려워하며 멀리하는 경우가 있다. 원인은 우리의 부족함일 수도 있지만, 상대방이 위축되거나 의롭지 못해서 대중 앞에 호소하지 못하기 때문일 수도 있다.

나는 불광산 각 부문의 많은 대중들이 열심히 해 준 것에 대해 매우 기쁘게 생각한다. 불광산은 전 세계에 수백 개의 도량이 있는데, 나는 도량마다 책임자에게 권한을 부여해서 제각기 장애 없이 능력을 발휘하게 했다. 소위 "의심되는 사람은 쓰지 말고, 사람을 쓰면 의심하지 말라"는 말처럼, 나는 이들을 신뢰한다.

전 교육부 장관이며 현재 불광대학교 총장인 양조상 선생, 전 교육부 정무차장이며 현재 남화대학교 총장인 임총명 선생, 가오슝 중산대학에서 부총장직을 사퇴하고 미국 서래대학교 총장을 맡은 오흠삼 교수, 이 세 분에게 나는 깊은 감사를 느끼고 충분한 권한을 부여한 바 있다.

불광산 근처에 있는 의수義守대학에 예수교도인 부승리傅勝利 교수가 내 교육에 대한 열의를 높이 사 근무시간에 짬을 내서 자주 불광산으로 찾아와 도움을 주며 봉사했다. 최근엔 수차례 호주 남천대학을 찾아 현지 지도하며 고견을 주기도 한다. 이 모든 정감 있고 신의 있는 인사들은 돈이나 이익 때문에 온 것이 아니다.

나는 한결같이 인재를 존중하고, 인재에게 권한을 주고, 인재를 선용善用하고, 인재가 발전할 공간을 제공하는 역할을 해 왔다. 나는 '인간위성TV'를 젊은 비구니 각념覺念 스님에게 전권을 부여해서 맡겼는데, 10년이 지난 지금 최소 비용으로 기타 많은 방송국과 경쟁할 수 있으니, 실로 대단한 일이 아닐 수 없다. 『인간복보』가 처음 창간될 때는 대부분 경험이 없는 젊은 스님들이었는데, 어느새 십수 년이 흘렀다. 현재 기본 틀은 완성됐으나, 더 큰 역량 발휘를 위해 나는 특별히 『전등』 잡지의 부지영符芝瑛 여사를 사장으로 초빙했다. 이후 『인간복보』는 발행부수가 지속적으로 늘고 일취월장하고 있다.

나는 신도와 '돈 거래를 안 한다.' 불교 안에서 나 역시 신도라 여기어 돈이 생기면 도량에 기부하고, 돈이 없으면 신도에게 빌리지 않고 그냥 잠시 쓰지 않는다. 신도들도 내가 보시를 요구하는 걱정은 안 한다. 많은 신도들이 보시하고 이름을 남기거나 감사를 받을 생각 없이 무상공덕행無相功德行을 한다. '천가사원千家寺院·백만인사百萬人士'의 정신으로 세운 부처기념관이야말로 '무상보시'가 아니고 무엇이겠는가?

나는 인간 세상의 어떤 일이건 대립하지 말라고 주장한다. 한번은 제자가 일생 동안 장점이 무엇이냐고 물어봐서 "남에게 친절하게 대하고, 선한 이를 따라 흘러간다"라고 답했다. 나는 모든 일을 대할 때 남의 이익을 먼저 생각하고 완전히 내 입장만 생각하지 않는다. 나는 남과 대립하지 않으며, 인간 사회는 모두 행복해야 된다고 주장하기 때문에 분규 조정에도 능하다. 그래서 지금 현존하는 양안(중국과 타이완) 문제에 대해서도 모두가 법집(法執: 시시비비, 선악 등을 따지는 것)·아집我執을 버리고 '함께 행복하자'로 가면 좋지 않겠는가?라고 생각한다.

그 외에 나는 함부로 자원봉사자를 동원하지 않고, 남이 나를 위해 봉사하는 것도 쉽게 부탁하지 않는다. 사람과 사람의 관계는 금전이 전부가 아니라 '정'이 제일 중요한 것이다.

하지만 정만으론 부족하다. "황제는 군사를 굶기지 않는다"는 옛말처럼, 젊은 사람이나 일정한 직업이 없는 사람에게 도량에서 봉사할 것을 부탁할 때에는 필히 먼저 배가 부른지 먼저 확인해야 이들이 불법을 위해 힘을 내서 봉사할 수 있는 것이다.

불광산에서 제자 대중과 지내면서 나는 "법 제정은 엄격하게, 집행은 느슨하게"를 주장한다. 모든 것에 권력·이유·법령의 잣대로 사람들을 꼼짝 못하게 하는 것은 옳지 않다고 생각한다. 오히려 숨 쉴 공간을 남겨두면 더 좋은 효과를 거둘 수 있다.

일을 함에 있어 어떤 일은 빠르게, 어떤 일은 천천히 완성할 것을 주문한다. 서둘러선 안 될 일은, 예컨대 장경 편집 같은 일은 30여 년의 세월이 필요하다. 빠르게 해야 할 일은 청소와 같은 일인데, 보통 나는 하룻밤에 완성하라고 얘기한다.

동물계에서 개미는 여왕개미가 있기 때문에 집단관리를 할 수 있다. 벌들의 세계도 여왕벌이 있어 관리가 잘 된다. 인간관리도 리더가 있어야 하지만, 만약 리더가 무능하다면 단체 전체가 아수라장이 되고 만다.

불광산은 인간불교의 신념으로 대중의 공통인식을 응집시켰다. 그러므로 한 사람 한 사람의 발심과 자비 봉헌하는 마음의 힘으로 함께 집단창작을 한다. 우리는 "법이 아니면 행하지 않고, 법만이 유일한 의지처"라는 생각으로 모든 성취는 개인의 것이 아님을 잘 알고 있다. 우리는 인간불교의 신념인 "사람에게 신심을 주고·기쁨을 주고·희망을 주고·편의를 준다"는 기치 아래 중생을 이롭게 하고, 기쁨과 후회 없음을 주기 위해 어떠한 고난이 있어도 기꺼이 불법을 실천할 것이다. 나의 출가 74년 인생 중 10년간은 가혹하게 관리하는 인생을 살았다. 하지만 가혹한 관리의 과정에서 나는 '관리하지 않으면서 관리하는 법'·'스스로 깨닫고 스스로 느끼는 법'과 같은 교육의 관리법을 배웠다. 나는 일평생 관대함·평등·공평·공정·공개적인 태도로 사람과 사물을 대했으며, 이것이 최고의 관리학이라고 생각된다.

◆ 본문출처: 2013년 『백년불연 11-행불편 1』

◆ 모든 일에는 장단점이 있다. 저울질을 할 줄 알고 큰 방향으로 눈을 돌리면 고사하고 썩은 나무도 약으로 쓸 수 있다.

모든 사람은 장단점이 있다. 용인술用人術를 알고 상대의 장점을 취할 줄 알면 녹슨 쇠붙이도 강철로 만들 수 있다.

◆ 관리의 비결은 공개적이고 공정하며, 그리고 무엇보다 공평해야 된다.

처세의 요령은 사람을 알고 사정을 알고, 그리고 무엇보다 이치를 알아야 한다.

_ 본문출처:『불광채근담』

제3권

'각타'에서 학습 면을 확장하다

자학으로 지혜와 기쁨을 얻고,
많은 방법을 통해 '각타覺他'를 할 수 있다.
예컨대 성운대사가 독서회를 제창하고,
학교를 설립해서 대중에게 영향을 미치듯,
당신과 나도 행동으로 주변에 영향을 미치고,
더 많은 다른 영역과 접촉할 수 있다.

❖ 3할은 스승과 제자, 7할은 도반

"큰스님께선 천여 명의 출가제자가 있고 백만 명의 재가신도가 있는데, 어떻게 이 많은 사람들을 이끄세요?" 매번 인터뷰할 때 이 같은 질문을 받으면 내 위대한 은사 지개 상인志開上人의 말씀이 생각난다. "3할은 스승과 제자, 7할은 도반." 은사님은 서하불학원의 원장으로 평소 엄숙하고 엄격하게 나를 대하셨다. 하지만 몇 가지 작은 사례를 살펴보면 그분은 사실 사리事理를 통달한 어른인 것을 알 수 있다.

지금도 선명하게 기억하는데, 하루는 아침 예불을 끝내고 해 뜨기 전에 아침 운동을 하고 있는데, 한 사람이 모자를 쓰고 천천히 걷는 것을 보고 반장인 내가 큰소리로 "느림보야, 어서 앞사람 따라가지 못해!"라고 다그쳤는데, 자세히 보니 은사님이 아닌가! 은사님은 화내지 않고 오히려 나를 보고 미소를 지었다. 은사님은 항상 나를 질책하셨으나, 때론 내게 전환의 여지를 남겨 주셨다. 은사님은 내게 훌륭한 스승님이었고 유익한 벗이었다.

훌륭한 스승이며 유익한 벗

내 마음속의 은사님은 사물에 대한 명확한 이치 판단과 엄격한 교육뿐만 아니라, 웅장한 견식과 열린 흉금을 가진 분이셨고, 그런 스승님이 정말 좋았다. 중국에서 타이완으로, 총림에서부터 말사로 전전하면서 많은 큰스님들을 만났다. 그분들이 제자를 거둔 것은 노년을 대비하기 위해서거나 혹은 사찰을 계승케 하거나 혹은 양식을 구하거나 혹은 사세를 불릴 목적으로 받아들였다. 반면 나의 위대한 은사님은 나를 곳곳에 보내 공부하고 수행하게 했고, 대중 속에서 훈수薰修 연마케 했다.

1949년 중국의 대혼란(神州板蕩) 시기에 내가 타이완으로 참방參訪 간다는 얘기를 듣고서 은사님께선 음식을 마련해 배웅하며 여정에 보태 쓰라고 은전銀錢 10개도 주셨다. 은사님이 대중을 위해 제자를 육성하는 자심비원(慈心悲願: 자비로운 마음과 중생구제의 발원)은 영원히 내 가슴 깊이 새겨져 있다.

자고로 선배 대덕들의 스승 제자 간 전승은 이심전심으로 전해지는 것이다. 나는 그저 우러러보며 부러워할 뿐, 내가 감히 비교의 대상이 될 수 있겠는가? 하물며 나는 일생 동안 제자로서 불효했고 스승으로서 엄격하지 않았지만, 은사님과 고덕古德의 말씀인 '3할은 스승과 제자, 7할은 도반'은 확실히 나의 전력투구하는 목표로 삼고 있다.

은사님의 제자 양성을 통해서 나는 제자를 받고 중생제도를 하는 것이 얼마나 막중한 임무인지 알고 있었다. 처음 타이완에 와서 나를 따라 출가하겠다는 사람들이 많았지만, 내 사찰도 없고 심지어 이 한 몸 기탁할 곳도 마땅치 않았던 처지 때문에 어쩔 수 없이 거절하고 다른 선지식들에게 소개해 주었다. 혜서慧瑞·명장明藏·각율覺律·보휘普暉 등이 바로 이런 인연으로 각각 인순印順·백성白聖·월기月基·덕희德熙 스님 밑으로 귀의한 경우다. 기타 재가신도도 타 사찰에 소개시켜 준 경우가 부지기수인데, 예로 황려명黃麗明 같은 경우는 30년 후 다시 내게 돌아와 내 제자가 된 경우이고, 옹각화翁覺華 같은 경우는 성희聖熹 스님 밑에서 40년의 청춘을 충실하게 보낸 경우인데, 얼마 전 나를 우연히 만나 눈물을 글썽이며 말을 잇지 못했다. 나와는 스승 제자의 연은 없지만 흐르는 시간도 우리의 불법의 연을 끊어 놓진 못했다.

수 년 전 굉법사宏法寺·징청사澄清寺의 초청을 받고 설법하러 가는데, 수십 년 전에 인연을 맺은 재가신도들이 내 앞에 엎드려 울면서 다른 사찰의 공덕주가 돼서 죄송하고 용서해 달라고 하는 것이었다. 사실 나는 평생 불교·중생·국가·사회를 위해 제자를 양성한 것뿐, 한 번도 내 것이라고 생각한 적이 없기 때문에 이렇게 얘기해 줬다. "여러분이 예불하는 부처님은 다 같은 분인데, 어느 사찰을 가든 뭐가 달라지겠습니까?"

내가 처음 제자를 받고 삭발해 준 것은 30년 전 뇌음사에서다. 그때 출가한 남녀 제자로는 자가慈嘉·자이慈怡·심여心如 스님 등 몇 명이다. 그 당시에 경제적으로 매우 곤란했지만 힘써 돈을 모아서 용돈을 주고, 직접 천을 재단하고 염색해서 승복을 만들어 줬다. 지금도 그들이 승복을 받을 때 좋아하던 기쁜 표정들이 눈앞에 선하다.

나중에 알았지만, 그 당시 타이완에서 출가하려면 상당한 재물을 지니고 있어야 하고 옷가지도 알아서 준비해야 했다. 나는 제자들의 출가를 위해 주저 없이 나 자신을 희생했다. 한번은 나이 어린 여자아이가 내게 삭발해서 출가하겠다고 해서 승낙했더니 조건을 붙이는 것이었다. "나는 청바지 한번 입어보고, 스타킹 한번 신어보고 나서 발심해서 출가할 거예요." 그래서 일본 갔다 돌아오는 길에 사람에게 부탁해서 구입했는데 입국할 때 세관원이 웃으며 "출가인도 이런 물건을 사십니까!"라고 하는 것이었다. 천하에 부모 마음을 누가 알 수 있을까?

30년 전 어느 제자가 황망하게 가출해서 불법을 배우겠다고 찾아왔다. 나는 그가 아무것도 갖고 있지 않고 가출한 것을 보고 500위안을 줬는데, 그가 "왜 이렇게 속俗되게 하십니까?"라고 했다. 그리고 20년 전에는 어떤 아가씨가 불광산에서 공부하겠다고 왔는데 하이힐에 미니스커트를 입고 있어서 내가 3,000위안을 주면서 해청海青·제복·이불·문구·일용품을 사라고 줬는데, 그 아가씨가 거절하면서 "돈으로 내 마음 살 생각 마세요!"라고 하는 것이었다.

몇 번 놀랄 만한 경험이 있지만, 나는 실망하지 않고 불법을 배울 마음이 있는 사람을 보면 항상 기쁜 마음으로 도와주고, 부족한 것이 있으면 최선을 다해 충족시켜 줬다. 나는 비단 일용품만 제공하는 것이 아니라, 의복과 약간의 용돈, 심지어 설날에 홍바오(紅包: 돈이 든 빨간 봉투, 새뱃돈) 주는 것을 한 번도 빠뜨린 적이 없다. 1964년 수산사壽山寺에서 설날이 다가오는데 주머니는 비어 있고, 제자들에게 세뱃돈 200위안은 줘야겠다는 생각에, 섣달 그믐날 비 오고 바람 부는 날에 신도들이 진향(進香: 절에 와서 향을 사르고 예불하는 일, 참배)하러 오는 것을 기다릴 수밖에 없었다.

근래 10년 동안 경제사정이 약간 나아져서 출국할 때마다 백화점에 들러 싼 가격에 여러 가지 기념품을 사서 귀국 후 제자 및 보육원에 주어 제비뽑기놀이에 쓰게 한다. 큰 상자 작은 상자 짐은 많고, 세

관마다 전부 열어서 보여줘야 하는 번거로움은 있지만, 제자들이 선물을 받고 좋아하는 모습을 생각하면 제 아무리 힘들어도 가치 있다고 느껴진다. 제자 중엔 선물을 아끼는 사람이 있는 반면 별 대수롭지 않게 여기는 사람도 있다. 잠시 운반과정에서의 우여곡절은 차치하고라도 스승이 제자를 사랑하는 마음을 제자들이 어찌 알 수 있을까?

어떤 제자가 알리지 않고 절을 떠났을 때 내 선물을 땅에 팽개친 것을 보고 실로 가슴이 아팠다. 옛날 고덕古德의 '3할은 스승과 제자, 7할은 도반'이란 명언이 생각났다. 스승의 정은 아직 두터운데 제자의 도리는 어디 있는가?

제자들 일상의 의식주행衣食住行과 치료 의약, 친척방문 비용 등 일체 복리에 대해 내가 면밀히 생각하고 관계 부문에 대해 완벽하게 하라고 독려하고 있지만, 때론 내가 지나치게 염려하는 경우도 있다. 심평心平·영평永平 스님이 수술 후 요양하고 있는데 내가 계속해서 병문안을 갔고, 다른 제자들이 병이 나서 링거를 맞고 있을 때에도 나는 수시로 죽과 반찬을 들고 병문안을 갔다. 내가 가지 못하면 시자侍者를 시켜 건강용품이나 과일을 보내서 내 정성을 전했다. 옆에 있는 사람들이 나를 가리켜 "효순하는 스승"이라고 얘기하지만, 나는 도반의 정을 조금이나마 다할 생각뿐이다.

청출어람은 더 푸르다

이른바 "제자라고 반드시 스승만 못한 것이 아니며, 스승이라고 반드시 제자보다 현명한 것은 아니다"라는 말이 있다. 나는 내가 제자보다 빼어나다고 생각하지 않는다. 제자들이 홍법·수업·깨닫는 것 등에서 '청출어람'이기를 바란다. 그래서 부단히 명사를 초빙해서 강의하고 제자들이 밖으로 나가 여행하면서 공부하기를 희망한다. "만 권의 책을 읽고 만릿길을 다닌다"는 말처럼 제자들이 견문을 넓히고 흉금을 크게 키우는 것이 내가 바라는 것이다.

18년 전 의공依空 스님이 일본 도쿄대학교에 진학하게 되어 내가 직접 의공 스님을 데리고 미즈노 교수에게 인계했다. 의욱依昱 스님이 고마자와(駒澤)대학에 재학 중일 때 보러 갔는데, 의욱 스님이 나와 동행한 시자스님을 자기 방에 재워서 나는 일월성신을 벗 삼아 테라스에서 하룻밤을 잤다. 혜개慧開 스님의 생활이 걱정 돼 필라델피아 템플대학으로 날아간 적도 있고. 의법한 학습상황을 이해하기 위해 하와이대학·예일대학으로 가서 강연도 했고. 성지순례탐방이라는 명분하에 수차례 인도를 방문하여 시인 타고르가 설립한 산스크리트어대학에 진학중인 의화依華 스님을 만났다. 해외에서 홍법하는 기회를 빌어 현지 도량을 순시하는 목적은 해외에서 개척중인 제자들의 안부가 궁금하기 때문이다. 내가 풍상설우風霜雪雨·서열엄한暑熱嚴寒을 견디며 다니는 것은 이 세상 부모가 아니면 이해하기 힘들 것이다.

조기早期에 제자들이 해외유학을 나갈 때 난 돈을 마련하려고 안간힘을 썼고, 심지어 내 주머니도 비워서 줬다. 나중엔 유학하는 인원수도 많아지고 도량의 재무상태도 나아져서, 제자들이 스승만 알고 도량은 모를까봐… 도량에서 학비 및 잡비를 내주는 방식으로 바꿨다. 그런데 지금도 매번 출국할 때 마치 '지갑 열린 할아버지'처럼 지니고 있는 돈과 현지에서 시주 받은 돈을 제자들에게 책과 문구를 사는데 쓰라고 다 주고서야 비로소 마음이 놓이면서 편하게 불광산으로 돌아올 수 있다. 1994년 전 세계를 돌며 홍법하는데, 오대주에 있는 100여 명의 유학생 제자들에게 1인당 100불을 주다 보니 주머니에 있던 2만 불이 금새 사라졌다. 비행기가 이륙해 산천초목이 시야에서 멀어지면서 나는 충심衷心으로 이들이 장차 학업을 완성해서 국제 불교 교류에 크게 기여할 수 있기를 마음속으로 묵묵히 기도했다.

오늘날은 불광산의 모든 제자가 다 출국한 경험이 있는데, 어떤 이는 내게 '이러다가 인재가 유실되면 헛일 아닙니까?'라고 얘기한다. 만약 그런 일이 생긴다 해도 또한 불법을 전파하고 대중과 연을 맺는 '전등傳燈'의 또 다른 방법이 아닐까 생각한다.

최선을 다해 농사짓고 씨 뿌리고 꽃이 피고 열매가 맺으면 나 혼자 감상하는 것이 아니라, 세상 모든 사람과 공유하는 것이 내가 일관되게 추구하는 중생제도의 신념이다.

몸으로 하는 포교가 말로 하는 포교보다 낫다

동경불광협회의 진일민陳逸民 선생이 한번은 내게 "큰스님, 정말 대단하십니다! 다른 것은 다 차치하고라도 개성이 각자 다른 수많은 제자들에게 적응하는 것만 해도 매우 힘드시겠어요!"라고 말했다. 나는 내가 대단하다고 느낀 적이 없고, 단지 제자들과 상명하복이 아닌 서로 소통하고 불법으로 교류한 것뿐이다. 같으면서 다름을 추구하듯, 나는 그들의 각기 다른 성격을 좋아한다. 다르면서 같음을 추구하는 과정에서 나는 서로의 관점 차이 사이에서 조화를 이룰 수 있도록 조정한다. 제자들이 내게 어떤 일에 대해 물어오면 최선을 다해 지도한다. 그들이 휴가를 신청하러 오면 차와 식사를 베풀어 준다. 나는 권위적으로 내 의견을 관철시키고 싶지 않고, 제자들의 존엄을 지켜주면서 차근차근 이끄는 방법을 선호한다. 나는 지고지상至高至上이 아니고 '3할은 스승과 제자, 7할은 도반'이란 개념으로 바른 말을 관찰하고 중론衆論을 모으는 것뿐이다.

불광산에선 누구나 자유로이 발언할 권리가 있다. 어떨 땐 내 말 한 마디가 끝나기 무섭게 작은 강아지들이 짖듯이 경쟁적으로 자기 의견을 피력한다. 내가 말도 하기 전에 제자가 먼저 입을 연다.

"큰스님! 제 말씀 좀 들어보세요…"

"큰스님! 스님께서 모르셔서 그런데요…"

누가 스승이고 누가 제자인지? 다 수긍할 수는 없지만, 그들의 얘기를 참을성 있게 경청한다. 어떤 사람은 "그들은 제자이고 마땅히 스승을 공경해야 하거늘, 왜 그렇게 관대하게 대하십니까?"라고 한다. 틀린 말은 아니나, 옛 고덕들이 제자들을 존중하며 남겨 주신 "늙어서 장자 되고, 젊어서 쓸모 있다"는 교훈처럼, 내가 제자를 대하는 방법도 '3할은 스승과 제자, 7할은 도반'의 흉금이 아니겠는가? 불광산사 산문 앞에 배가 불룩한 미륵보살이 미소로 오는 사람들을 맞이하고, 들어와서 뒤돌아보면 손에 금강저金剛杵를 쥐고 있는 위태호법韋馱護法이 보인다. 이는 미륵보살의 사랑의 섭수攝受와 위태호법의 힘의 설복이 불교교육을 말하고 있는 것이다. 오로지 제자들이 먼저 마음을 열고 하고 싶은 말을 해야 비로소 기회를 살펴 여러 가지 방법으로 그 오만함을 굴복시켜 불법의 깊은 뜻을 전해 줄 수 있는 것이다.

과거 불광산에 일손이 별로 없을 때 휴일만 되면 산에 오는 신도들로 붐볐는데, 나는 대중을 위해 항상 과락제果樂齋·조산회관朝山會館

에서 반찬을 볶고 국수를 삶았다. 주방엔 냄비·프라이팬·얘기와 웃음소리가 섞이고, 서로 협력하고 즐겁게 일하면서 상대방이 누구인지도 인식하지 못할 정도로 화기애애했다. 10년 전 내가 서래사에 홍법 가서 홀로 주방에서 신속하게 맛있는 식사를 만든 일은 오늘까지도 사람들 사이에 회자되고 있다. 1995년엔 타이베이 도량 신도들을 위해 내가 백미재百味齋를 만들어줘서 찬사를 많이 받았다. 이렇듯 몸으로 하는 포교가 말로 하는 포교보다 더 좋지 않은가?

옛날 민閔 원외(員外: 정원 외 벼슬)가 아들을 지장보살에게 출가시킨 천고의 미담이 있고, 배휴裵休 재상이 쓴 「송자출가시送子出家詩」는 지금도 읽으면 감동을 받는다. 현대의 민 원외와 배휴는 당시를 훨씬 능가한다. 불광산에서 가족끼리 서로 성취하며 부모·형제·자매가 연이어 출가한 것이 현재 40여 쌍이나 된다. 근래에는 시대적 사고의 진보로 부모가 자녀를 산으로 출가 보내는 경우가 점차 늘고 있다. 매번 부모가 자녀에게 '스님'이라는 호칭으로 부르는 것을 볼 때면 감동하는 것 이외에, 더욱이 세속상의 크고 작음과 귀하고 천함이 어찌 일정함이 있을까? 하고 생각한다.

문수보살은 귀하신 7불의 스승이지만, 석가모니불 앞에선 예불하고 청법請法해야 된다. 구마라집과 반두달다 사이에 '대승과 소승이 서로 스승이 되다'라는 미담은 천년을 전해 내려오고 있다. 선종의 육조 혜능은 "어리석을 때는 스승이 제도해 주지만, 깨닫고 난 뒤에는 스스로 제도한다"란 말씀을 하셨는데, 그 당시에 오조의 찬사도 받았지만 지금도 좋은 평판을 받고 있는 명언이다. 황벽黃檗·임제臨濟의 사제지간의 매서운 격론은 두 사람의 도덕적 명예에 전혀 손상을 입히지 않은 채 후대 불자들의 참선공부에 최고의 공안公案으로 인식되고 있다. 그래서 '3할은 스승과 제자, 7할은 도반'의 참뜻은 개인이 오로지 자신만 의지해서 인도引導 없이 성장을 꾀할 때 인지견월(因指見月: 손가락이 가리키는 대로 달을 보다)할 수 없다는 뜻이고, 반대로 전적으로 남에게 의존해도 이루어질 수 있는 것은 아무것도 없다는 뜻이다.

그래서 부모 된 사람들은 '3할은 스승과 제자, 7할은 도반'을 인식하고 자녀를 대하면 자식들이 내게 좋은 친구로 다가와 같이 성장하는 기쁨을 나눌 수 있는 것이다. 선생님이 '3할은 스승과 제자, 7할은 도반'의 함양을 갖춘다면 제자는 후배이면서 학문과 도덕을 같이 닦는 도반이 되는 것이다. 상사가 '3할은 스승과 제자, 7할은 도반'을 인정하면 부하가 곧 동포이자 동료로서 동고동락할 수 있는 것이다. 부부지간에 '3할은 스승과 제자, 7할은 도반'의 관념이 있으면 곧 피차 포용하게 되고 상호 존중하게 되는 것이다.

'3할은 스승과 제자, 7할은 도반'의 인연에 닿는다는 건 얼마나 미묘한 일인가!

◆ 본문출처:

1995년 6월『왕사백어往事百語 1-삼분사도三分師徒, 칠분도우七分道友』

◆ 부모가 되는 사람이 '3할은 스승과 제자, 7할은 도반'을 인지하면 자식이 자녀일 뿐만 아니라 좋은 친구인 것을 알 수 있다.
선생님이 '3할은 스승과 제자, 7할은 도반'을 함양하면 제자가 곧 후배이자 도반이 될 수 있다는 것을 알 수 있다.
상사가 '3할은 스승과 제자, 7할은 도반'을 인정하면 부하가 곧 동포가 되고 동료가 되는 것을 알 수 있다.

◆ 학습의 목적은 지식 측면에서 남을 돕고, 도덕적으로 남을 감화하고, 실용 면에서 남에게 혜택을 베풀어서 궁극적으론 사회 역사적으로 끊임없이 전해져야 비로소 가치 있는 학습이라 할 수 있다.

_ 본문출처: 『불광채근담』

❖ 나는 독서회를 제창한다

양저우(揚州)의 가난한 농가에서 태어난 나는 어려서 가난 때문에 학교를 가지 못했고 지금까지 초등학교 졸업장도 없다. 읽을 수 있는 책이 생겼을 때에는 이미 때를 놓쳤다. 12살이 되어 서하산에서 삭발하고 서하율학원에 들어가 책을 읽으면서 독서는 나의 생명 가운데 중요한 양식으로 자리잡았다. 만약 내가 독서를 안 했다면 지금의 상황은 상상하기도 어렵다.

독서에 대한 갈망으로 나는 사찰의 도서관 관리 일을 맡겨 달라고 해서 다양한 책을 읽을 수 있었다. 심지어 밤에 소등한 후에도 나는 이불속에서 향불을 등불 삼아 책을 읽었다. 소년이었던 나는 중국 고전소설, 예컨대 『악전岳傳』·『형가전荊軻傳』·『삼국연의』·『칠협오의七俠五義』 및 역대 고승 전기·역사 고전 등을 읽으며 다양한 관념을 키웠다. 역대 수많은 영웅호걸들이 겪었던 고난과 고통들이 나를 무언중에 입지立志하게 만들고 분발케 했다. 독서는 내 성장의 자양분이었고, 처신에 있어 사랑·의로움·정의감·단정함을 몸에 배게 계발해 줬다. 그래서 나는 사람들에게 독서의 습관을 가지라고 적극 권장한다.

30여 년 전 일본 입정교성회(立正佼成会: 일련종에서 파생된 신흥종교)

를 방문한 적이 있다. 건물 안에는 굉장히 큰 설법전說法殿이 있었는데, 3인 혹은 5인이 1조가 되어 탁자에 모여 앉아 얘기하는 것이었다.

우리를 안내하는 사람이 말했다. "우리 입정교성회가 바로 이 법좌法座를 통해 모두 같이 불법에 대해 논의합니다."

그는 이어 또 말했다. "이들 중 많은 사람들이 멀리서 오고, 사원에 경력이 오래된 장로가 이들을 맡아 8~10명이 한 조가 되어 논의하는데, 문제가 있거나 해결하기 어려운 일이 생기면 공개해서 같이 토론하고 상의합니다. 이 독서회에서 우리는 돈과 애정에 대해 얘기하지 않지만 기타 일은 다 논의할 수 있습니다. 돈과 애정은 시비를 낳을 수 있지만, 불법에 대한 논의·곤란困難에 대한 해결책 논의는 자기 자신에 대해서도 도움이 됩니다."

이것을 보고, 나는 만약 사찰에 신도가 오면 읽었던 좋은 문장 한 구절을 신도와 공유해서 마침 신도의 마음속에 묵혔던 답답함이 해소될 수 있다면 신도도 좋아할 것이라고 생각했다.

불보살로부터 온 인세

나는 일생 동안 사람들이 독서하기를 희망했고, 항상 어떻게 하면 독서운동을 추진할 수 있을까를 생각한다. 그래서 내가 초등학교 교장부터 시작해서, 나중에 유치원·초등학교·중학교·고등학교·호주/미국/필리핀 및 타이완에 다섯 개의 대학을 세웠는데, 주요 목적은 사람들이 와서 독서하기를 희망하기 때문이다. 백만 인의 심혈을 기울여 학교를 설립한 것도 모두에게 독서를 많이 하라고 호소하기 위해서다. 나 자신이 독서를 좋아하기 때문에 청소년기부터 글짓기를 해서 지금껏 이어오고 있다.

홍법하는 과정에 가끔 사람들이 나에게 묻는다. "큰스님, 어떻게 전 세계에서 그 많은 사찰과 학교를 세우셨어요?" 간단히 얘기하면 책이 불광산을 일으켜 세웠다고 할 수 있다. 이것이 무슨 이치일까?

불광산의 큰 땅을 내가 어떻게 샀을까? 사실은 내가 산 것이 아니고 옥림玉琳 대사가 산 것이다. 여러분은 옥림 대사는 순제順治 황제 시절 사람인데, 어떻게 현재로 와서 땅을 살 수 있는지 의아해할 것이다! 사실은 내가 『옥림국사玉琳國師』를 쓰면서 벌어들인 인세로 사들인 것이다. 60년 동안 이 책은 50번 이상 재판됐다.

'그럼 대비전은 어떻게 세워졌을까?' 그것은 관세음보살님이 세워 주셨다. 전에 3개월 동안 일본어를 배웠는데, 시험 삼아 일본어 『관세음보살보문품』을 『관세음보살보문품강화』란 제목으로 엮어서 출판했는데, 몇십 번을 재판하고 벌어들인 인세로 대비전을 세운 것이다.

혹자는 말한다. "큰스님의 대웅전이 잘 지어졌어요!" 심지어 원산圓山호텔의 책임자 장송미령蔣宋美齡 여사도 대웅전이 웅장하다며 내게 "큰스님이 어떻게 지었어요?"라고 물었다. 나는 내가 지은 것이 아니고 석가모니불께서 세우신 거라고 얘기해 줬다. 남들은 석가모니불이 어떻게 불전을 지을 수 있는지 의아해할 것이다!

그것은 내가 『석가모니불전』을 써서 5, 60년 동안 출판해서 최소 백 번 이상 재판을 해서 벌어들인 인세로 대웅전을 세운 것이다.

난 항상 모두에게 불광산을 시멘트 콘크리트로 보지 말고 책으로 보고, 책의 가치로 불광산을 세우라고 얘기한다.

그 외에 불광산 초기에 자장·자혜·자용·심평 등 스님들이 청년

시절 나를 따라 출가했는데, 그들은 어떻게 오게 되었을까? 그들도 내가 국어를 가르치고 독서를 같이 하면서 내 영향을 받아서 불제자가 된 것이다.

독서를 추진해서 널리 책과 인연을 맺다

고금을 막론하고 한 국가의 힘이 얼마나 강한가를 보려면 그 나라의 독서 풍조를 봐야 한다. 일본은 전국적으로 학교와 가정에서뿐만 아니라 기차·전철에서도 사람들 손에 책이 한 권씩 들려 있다. 유럽의 몇몇 나라에선 청소년들이 햄버거 살 돈으로 책을 사서 읽는다.

중국도 고대에 문무文武·주공周公·공자孔子가 학술學術·시서詩書·예악禮樂을 제창해서 사회풍조를 바꿔 놨었다. 심지어 당시唐詩·송사宋詞·원곡元曲·명청明淸 소설도 다 중국 사회에서 문화 건국을 제창하는 위대한 힘들이었다.

역사를 살펴보면 당송唐宋 왕조 이후부터 출판물이 흥해졌다. 그중에 청나라 건륭황제의 『사고전서四庫全書』가 제일 유명하다. 불교의 수많은 장경藏經 중에 건륭황제 재위연간에 각인한 『용장龍藏』이 민간사회에 전해졌는데, 지금까지 현존하는 역대 궁정어각宮庭御刻의 장문대장경藏文大藏經 중에서 가장 오래되고 보존 상태가 양호하다.

하지만 언제부터인지 모르게 사회에 "빚이 많아도 걱정 않고, 이가 많아도 가렵지 않고, 책이 많아도 읽지 않는다"는 풍조가 습관처럼 정착했다. 심지어 책을 안 읽는 게으른 사람들은 입버릇처럼 이렇게 말한다. "봄은 독서의 계절이 아니고, 여름은 더워서 잠자기 좋고, 가을은 모기가 있고, 겨울은 눈이 내리네. 어서 책가방 싸서 집으로 새해 맞으러 가세.” 이렇게 일 년 또 일 년을 허송세월하다 보면 아무것도 성취할 수 없는 것이다.

독서는 사람의 기질을 바꾸고 이미지를 구축할 수 있다. 독서를 통해 자신을 알아가고 나만의 세계를 넓힐 수 있는 것이다. 지식을 습득하고 견해의 폭을 확대하면 사람과 사물을 대하는 이치를 알게 된다. 사람이 책을 읽지 않으면 무식을 더해 온몸이 세속의 기운으로 가득 차게 되어 살아서 걷는 송장처럼 되고, 반찬 없이 먹는 밥이 아무 맛도 없는 것처럼 된다.

독서는 인생을 읽는 것과 같다. 한번은 『천하원견天下遠見』 잡지에서 고희균 교수가 “집안에 있는 술 궤짝을 책장으로 바꿔야 한다”고 말했는데 참으로 좋은 생각이다. 술은 몸을 상하게 하고 자기 자신을 잃고 실수하게 만든다. 일을 하더라도 끝나고 남는 것이 없다. 오로지 독서만이 불교에서 설하는 팔식전八識田 안에 남는다. 얻은 지식은 영원히 지혜로 남고 영원히 마음속에 남을 것이다. 독서의 씨앗은 우리 마음속에 심어져서 인연이 성숙될 때 성장하고 꽃을 피울 것이다. 이른바 “개반야화 결반야과(開般若花 結般若果: 반야 꽃이 피면 반야 열매를 맺는다)”처럼.

2001년 호주로 홍법을 갔는데, 바쁜 와중에도 독서회 추진을 잊어버리지 않았다. 특히 불교신자들은 독서에 습관이 없고 화인(화교)들의 독서 풍토도 높지 않았다. 나는 어려서 공부도 못했고 어떻게 독서회를 추진해야 되는지 아는 것도 별로 없고 경험도 없었다. 하지만 모방할 수 있는 많은 본보기는 있었다. 예컨대 과거의 사숙私塾·서원·보습반補習班·의학義學 등. 나는 독서회에 사람만 있으면 어렵지 않을 거라고 생각했다.

그래서 호주에서 독서회 규약을 만들자고 제안을 했다. 표 작성·신청·심의통과 후에 바로 운영할 수 있게 했다. 규약과 관련된 내용을 아래와 같이 제공하니, 같은 방법으로 독서회를 이 방법으로 설립하기를 원하는 사람이 있다면 마음으로부터 성공을 빈다. 독서회는 회장 1인이 업무를 종합 처리하는데 참가비는 무료이고 교재비만 내면 된다. 인원수는 5~10명도 괜찮지만, 최대 20명 이내로 하는 것이 각자 발언할 기회도 있어서 적당한 것 같다.

인간불교독서회 규약

2001년 3월 28일

1. 취지

'인간불교독서회' 설립 취지는 서향書香이 인간 세상에 퍼지고 모두가 독서할 수 있도록 추진하는 것이다. "학문의 세계는 끝이 없다"는 것을 인지하고 "늙을 때까지 살아도 배움은 끝이 없다"는 정신과 습관을 양성한다. 모두가 용맹정진하여 정신적 양식·조화로운 사회 제고提高·인류평화와 원만함을 추구한다.

2. 조직

(1) 본 회의 최고 지도부서는 '인간불교독서회세계총회'이고, 산하에 총회장 1인이며, 총회장이 각 국가 담당부서를 지정한다.

타이완 담당부서는 불광산문교기금회·인간문교기금회·국제불광중화총회·인간복보사이다.

(2) 총회 담당부서 산하에 교학조教學組(인간복보사)·총무조(향해문화공사)·추진조(국제불광회)를 설립한다.

(3) 각 독서회에서 회장 1인을 선출하여 회무會務를 관리하고, 지속적으로 새 독서회 설립을 추진한다.

(4) 본 독서회는 학력제한이 없으며, 단 수준에 따라 보통반·고급반·대학반·연구소반으로 나눈다.

3. 방식

본 독서회는 매 1회 수업시간을 2시간 이내로 하며, 1주일에 최소 1회, 매 회마다 3단계로 진행한다.

(1) 전서前序 30분

1. 회장이나 담당 인원이 차를 준비해서 시사時事 혹은 불교문화 동태를 주제로 담소.
2. 커피 한 잔·세계 명화名畵 여러 장을 준비해서 함께 감상 및 평가한다.
3. 환등기나 비디오 클립을 준비해서 특정 사물에 대해 소개한다.
4. 범패·불교음악·독경 녹음음반을 틀어서 청취한다.
5. 각종 법어를 노래로 부르고, 얼후(二胡)·아코디언 등 악기를 연주한다.
6. 새 책·문화재 혹은 불문 예의禮儀를 소개한다.

7. 참선하며 마음을 안정시킨다.

8. 『인간복보』에 게재된 내용에 대해 얘기한다.

9. 불광회 참가 의미에 대해 얘기한다.

10. 불광산에 대해 얘기하며, 본산本山 총본산·분원·지원 공동 수행 등을 제창한다.

(이상 각 항 내용을 융통성 있게 응용할 수 있다)

(2) 중간 1시간: 정식으로 독서

1. 독서 방식: 전독全讀·단독(段讀; 단락 나누어 읽기), 대독(對讀; 마주보며 나누어 읽기)·수독(隨讀; 따라 읽기)·창독(唱讀; 소리 내어 크게 읽기)·제독(齊讀; 함께 읽기).

2. 강설 방식: 전강全講·단강段講·구강句講·유강喩講·분강分講·인강引講.

3. 토론: 문제설정·예를 들어 설명·각자 견해 표시·반복 토론.

4. 교재: (뒤 참조).

(3) 후 30분: 독후감 공유

1. 상호 대화.

2. 독후감 공유.

3. 경험 교류.

4. 곤란한 부분에 대해 서로 돕기.

개인·가정·사회의 득실에 이르기까지 금전·감정과 상관없는 주제면 무엇이든 얘기할 수 있고 서로 도울 수 있다.

4. 교재

(1) 보통반: 『미오지간迷悟之間』, 『성운법어』, 『불광채근담』, 『왕사백어往事百語』, 『호생화집護生畵集』, 『법상法相』, 『경고불자서敬告佛子書』, 『서향미書香味』.

(2) 고급반: 『불광교과서』, 『교승법수敎乘法數』, 불교문선(예컨대 강연집講演集), 『성불지도成佛之道』, 불광회 주제강연, 『보리도차제광론菩提道次第廣論』, 『대승기신론大乘起信論』.

(3) 대학반: 『불교총서』, 경전 선독(예컨대 『반야심경』·『육조단경』·『금강경』 등), 논전論典 선독選讀(예컨대 『대지도론大知度論』·『구사론俱舍論 등』).

(4) 연구반: 『능엄경』, 『유식송唯識頌』, 『해심밀경解深密經』, 『섭대승론攝大乘論』.

5. 지점:

강당·교실·재당(사찰 식당)·적수방(사찰 식당)·응접실·복도·공원 나무 밑·강가·커피숍·정자·기타 장소에서 할 수 있다.

6. 주의사항

(1) 본 독서회는 수업시간에 지도하는 사람 위주로 진행하지만, 근본 설립 취지가 모두의 참여에 목적이 있기 때문에 각자가 선생이 되어 발언하고 능력을 발휘해서 실질적인 참여를 통해 독서회를 앞으로 밀고 나간다.

(2) 독서회 회장은 행정적 사무인 연락을 맡게 되며, 회장은 참여

인원들의 발언을 유도하는 책임이 있으며, 모든 참여자가 선생이 될 수 있도록 하는 것이 그의 목표다.

(3) 각 독서회는 인원수가 3, 5명 혹은 10명이 적당하고, 최대 20명을 넘지 않아야 한다.

(4) 본 독서회는 학력을 따지지 않으며 단지 정도에 따라 반을 나눈다. 성적이 표준에 적합한 사람은 승급할 수 있다.

(5) 본 독서회는 고정적인 거점·형식을 강조하지 않으며, 다만 시간 준수와 꾸준함 그리고 출석이 가장 중요하다.

(6) 본 독서회는 정식 수업시간에 1/3을 넘지 않은 한도 내에서 음악감상·영화감상·노래하기·퀴즈·요리, 혹은 강사를 초빙할 수 있다.

(7) 본 독서회도 간혹 시험을 볼 수 있다. 시험은 일반적인 종이시험지로 하는 것이 아니고, 녹음한 구술口述 혹은 한 편의 문장을 속독速讀한 후 기억나는 대로 쓰는 형식이다.

(8) 본 독서회는 3개월을 1기期로 하고, 매주 1~2회 열리는 것이 좋다. 매 기가 끝날 때 각 독서회에서 방학을 1주 내지 수주로 정하고, 방학이 끝나면 다시 수업을 시작한다.

(9) 본 독서회는 친선 성격의 모임이며, 취지는 불광산 도량의 소식·입장·종풍宗風·사상 전파에 있다.

(10) 본 독서회 추진성과 보고에 관한 규정은 다음과 같다. 불광협회에 속한 독서회는 불광회총회. 인간복보사에 속한 독서회는 인간복보총사. 불광산에 속한 독서회는 각각의 분원을 통해 본산에 보고해야 한다. 불광산총본산에서 매년 1~2회 독서회 친선

대회를 주최하고, 회기 중 우수 독서회를 선발해 표창장 수여와 상품 및 상금 수여를 실시한다.

(11) 모든 참가 회원은 필히 국제불광회 회원·『인간복보』 구독자 혹은 불광산의 신도이어야 하고, 상세한 신청서 작성 후 정식회원이 될 수 있다.

(12) 본 독서회 교재는 불광산문교기금회·인간문교기금회·인간복보사·국제불광회중화총회·향해문화공사·불광출판사에서 공동 제공한다.

(13) 모든 회원 참가비는 무료이며 소정의 판공비만 받는다.

(14) 교부한 교재 공비工費는 일률적으로 『인간복보』에 게재한다.

(15) 본 독서회는 성운대사가 창립하셨으므로, 순리대로 성운대사가 본회 세계총회 총회장직을 맡게 된다. 본 규약에 미비한 사항은 수시로 건의하여 성운대사의 지도·재가를 받게 된다.

독서회가 형식화되는 것을 피하기 위해 나는 장소를 교실에 한정하지 않으며, 산림이나 물가 등 대자연도 좋은 독서환경이 된다고 생각한다. 전체 1/3을 넘지 않은 선에서 영화감상·노래하기 혹은 주제강연 듣기를 할 수 있다. 그럼 얼마 만에 한 번 독서하는 것이 좋을까?

나는 매월 최소 두 번의 독서회 모임을 가질 것을 건의하고, 매주 한 번 모이면 더 좋다고 생각한다. 시간이 누적되면 필히 독서하는 좋은 습관이 생기기 때문이다.

독서회를 인도하는 방법으로서 나는 '삼단식' 독서회 순서를 제정했다. 말하자면, 독서회 수업할 때 지각하는 사람이나 상황 적응이 아직 안 된 사람들을 위해 수업 시작 전 30분 간 워밍업 시간을 가진 후, '주제토론' 및 '독후감 공유' 시간을 갖는다.

워밍업 시간에 새로운 책 소개·최근 뉴스토픽을 얘기하거나 불문佛門의 예의를 학습하거나 참선을 할 수 있다. 그런 다음 주제토론에 들어가서 경전·불교 예문·고승 전기 등의 독서를 통해 종교적 정서를 키우고 불교에 대한 정확한 지식과 견문을 갖추는 것이다.

독서회 인솔자에게 가장 중요한 것은 참가자 모두가 자기의 생각과 관점을 발표하게 만드는 것이다. 나는 '모든 사람이 선생님'이란 것을 독서회 수강자들에게 강조한다. 인솔자는 모두를 인솔해서 각자의 생각과 관점을 얘기하게 만드는 가장 중요한 사람이지 강사가 아니다. 주제토론을 거쳐 '독후감 공유'에 들어가면 더욱 학습 중점으로 들어간다.

호주에서 돌아온 다음해에 국제불광회세계이사회를 주재하기 위해 남아프리카공화국으로 갔다. 회기 중 나는 '불교사화佛教四化'를 주장하며 불교가 시대적으로 도태되지 않으려면 필히 '불법인간화·독서의 생활화(生活書香化)·승려와 재가신도의 평등화(僧信平等化)·불광산 사찰의 현지화(寺院本土化)'를 향해 가야 한다고 주장했으며, 거듭 '생활서향화'의 중요성을 제시했다. 대중이 일상생활에서 삼시세끼·물질·금전·애정 등 오욕만 추구할 것이 아니라, 반야·지식을 습득해서 내적 기질을 강화하고, 내적인 진심불성眞心佛性을 발굴하여 생활에 즐거움을 만들어 내야 한다. 뿐만 아니라 생활의 품질도 눈여겨봐야 한다. 오로지 독서를 통해 생활에 서향이 가득하도록 해야 비로소 자기 인생이 의미가 있는 것이다.

나는 '독서회'에 각종 독서하는 방법, 즉 전독·단독·대독·수독·제독 등을 제시했다. 노래하듯이 독서하고, 살아있는 책을 읽고, 생동적으로 책을 읽자는 것이다. 융통성 없이 죽은 책을 읽지 말고, 평상시 책을 다 읽으면 중점을 필기해 두고 항상 온고지신溫故知新하면 세월이 지나 지식이 몸과 마음에, 피 속에 녹아들어 나의 자양분이 되는 것이다.

남아공에서 돌아온 후 내가 찾은 사람은 당시 불학원에서 교직을 맡고 있는 각배覺培 스님이었다. 각배 스님은 내가 유럽에서 홍법할 때 '주워온' 사람이다. 그는 매우 생각이 깊고 질문하기를 좋아하는 사람이다. 각배 스님은 아르헨티나에서 14년을 살고 공부하며 성장하고 일을 했다. 후에 브라질에서 각성覺誠 스님을 만나 프랑스에서 개최하는 국제불광회세계대회에 참가할 것을 권유받아 불광산과 인연을 맺게 됐다.

내가 유럽에서 홍법하는 기간 내내 각배 스님은 내게 끊임없이 질문을 했다. '세상에, 어떻게 이렇게 많이 질문하는 사람이 있지?'라고 나는 생각했다. 그는 질문이 끝나자 나를 따라 타이완으로 와서 얼마 후 출가했다. 각배 스님처럼 모든 질문을 하고 다 이해한 상태에서 일심일념一心一念으로 출가하는 것도 좋다고 생각한다.

각배 스님은 독서회를 인계받은 후 바로 타이중 광명학원光明學苑으로 가서 '인간불교독서회총부'를 설립했다. 때는 2002년 1월 1일이었다. 나는 각배 스님에게 말했다. "네가 독서회를 하는데 내가 줄 돈은 없고, 대신 『불광교과서』를 주겠다. 출가인은 도道를 걱정하지 빈곤을 걱정하지 않는다. 사람이 도를 홍법하는 것이지 도가 사람을 홍법하는 것이 아니다. 만약 천 개의 독서회가 있고, 독서회당 10명이 있으면 만 명의 독서회가 되는 것이다. 독서회당 20명이면 2만 명의 독서회가 조성돼서 사회교화에 큰 영향력을 발휘할 것이다." 각배 스님은 내 말을 듣고 바로 전국을 다니며 독서회 창설에 매진했다.

3개월 후 그는 매우 고민하며 내게 이렇게 보고했다 "큰스님! 제가 독서회를 추진하는데 도시 사람들이 다들 '책 읽을 시간이 없다'는 거예요. 농촌에 가면 '책 읽는 습관이 없다'고 하고. 마지막으로 정년퇴직한 선생님들은 '선생님으로 정년퇴직해서 드디어 책 읽을 필요 없이 해방됐는데, 누가 독서회에 참가하려 하겠나?'라고 합니다. 도대체 독서회를 누구에게 보급해야 됩니까?"

나는 이것이 일반 화인華人 사회에서 독서 풍토를 조성하지 못한 현상이라고 생각했다. 하지만 난 여전히 각배 스님을 격려하며 말했다. "독서회는 사람들에게 즐거움을 주고 그들의 생활과도 결합돼야 한다. 독서할 때 장소를 실내에만 국한시키지 말거라. 커피숍·식당·대자연·산림·물가·나무 밑도 독서하기에 좋은 장소들이다. 사람들에게 독서가 기쁘게 받아들여지면 많은 사람들이 독서회로 들어올 것이다."

각배 스님이 내 말을 듣고 나서 불과 2년도 안 돼 각지에서 우후죽순처럼 독서회가 전개됐다. 순차적으로 국내외에서 '산수독서회山水讀書會'·'사구독서회社區讀書會'·'호인거독서회好鄰居讀書會'·'마손독서회嬤孫讀書會'·'파파마마독서회婆婆媽媽讀書會'·'경전독서회'·'예문藝文독서회'·'쌍어雙語독서회'·'공중空中독서회' 등을 설립했다. 그리고 타이완 최고봉 옥산玉山에 있는 '옥산독서회'와 학교에 보급된 수많은 '반급班級독서회'가 있다. 2,000개가 넘는 독서회가 전 세계 화인 사회 중에서 가장 방대한 독서회 군群이 된 것이다. 이 종류가 각기 다른 많은 독서회는 각배 스님이 관장하는 독서회총부의 구성원들, 묘녕妙寧·만목滿穆 스님과 많은 강사들이 각지에 독서회를 설립하고 육성한 성과이다.

이 시기에 독서회로 인해 맹우盟友를 맺게 된 이들이 있다. 2001년 타이베이 금광명사金光明寺에서 홍건전洪建全기금회 'PHP소직우회素直友會' 총회장 간정혜簡靜惠 여사와의 결연과 2003년 불광산사에서 천하원견독서구락부 창립자 고희균 교수와의 결연이다. 이들은 사회의 엘리트들인데, 수십 년을 하루같이 사회 각지에서 독서를 추진하고 타이완에 독서의 풍조를 주입시킨 주역이다.

인간불교독서회가 사회 각계각층에서 발전한 후 많은 학교·사회단체·교육부·국가 공무원 등에서 불광산독서회의 추진 경험을 알려달라고 했다. 실로 독서회가 국가의 중시와 긍정을 받고 있는 것이다.

해마다 독서회는 타이완 전 지역을 순회하며 '인간불교열독연토회(인간불교독서연구토론회) – 경전과 인생'과 더불어 강연·논단·독서발표 등을 주최한다. 이를 통해 인간불교의 정신적 함축을 상세히 설명하고 각지의 독서회원들이 불법과 인생의 관계를 깨닫게 하고, 경전을 깊이 파고들어 인생의 종지宗旨를 이해하도록 하는 것이 목적이다. 특히 1년에 한 번 개최하는 '전민독서박람회'는 각지에 있는 독서회가 모여서 교류하는 계기가 되었다. '독서회가 사람을 이끌어서 육성한다'는 활동에 힘입은 까닭에 더욱더 많은 독서회 리더들을 육성했다. 그 외에도 학교로 들어가 '신문 읽기와 생명교육' 등을 보급했다. 모두가 열렬히 참여하는 모습을 보면 사람들이 서향書香에 재미를 점점 느끼는 것을 알 수 있다.

인생항로를 바꾼 기회

독서회를 이끄는 과정에서 몇 분이 인상 깊게 남아 있어 한번 열거해 보겠다.

첫째는 멀리 샤오류추(小琉球)에 있는 허춘발許春發 단강사檀講師이다. 그는 샤오류추 분회分會 회장인데, 1961년 사범학교 졸업 후 고향인 샤오류추로 돌아가 초등학교 선생님을 했다.

1996년 2월 초청을 받아 샤오류추 현지에서 주민을 위해 삼귀오계三歸五戒를 주재하면서 주민들을 격려하면서 이렇게 말했다. '샤오류추는 비록 작지만 장차 타이완에서 가장 아름다운 섬으로 거듭나기를 희망합니다. 더 많은 사람, 특히 청년들이 불광회에 가입해서 서로 친목을 다지고 사회활동도 이끌 수 있으면 좋겠습니다. 한발 더 나아가 불법을 연구해서 단강사檀講師 시험에 합격해서 발심하고 홍법활동을 하거나 불광산으로 들어와 불학원에 진학하기를 희망합니다. 이래야만 불법이 샤오류추에서 뿌리내릴 수 있을 것입니다.'

그해 봄 허춘발 회장은 40명의 회원을 대동하고 타이완 본토에 들어와 전국순례를 하면서 타이베이 도량에서 나를 만났다. 그는 내게 말하길, 샤오류추에는 초등학교 네 곳·중학교 한 곳이 있는데, 1996년에 실시한 불교학시험에 1,500명이 응시해서 응시율이 백퍼센트라고 얘기했다.

한번은 원소절(元宵節: 음력 정월 대보름)에 향공소(鄕公所: 향 단위 사무소)에서 퀴즈대회를 개최하는데, 불광산에서 문제를 출제해 달라고(문제를 불교학시험 문제 중에서 출제) 하고, 정답자에겐 향공소에서 상품을 줬다. 이곳이 얼마나 불법화된 살기 좋은 곳인가! '샤오류추의 불교화'가 단지 꿈이 아님을 알 수 있다.

2002년 1월에 내가 '인간불교독서회'를 설립하고, 허춘발 회장이 나의 '독서의 생활화'에 호응하기 위해 샤오류추에서 '예문독서회'를 설립하여 매주 목요일 밤 가입자들이 같이 독서의 시간을 가졌다. 예문독서회의 독서하는 날은 간호사·우체국·전신업·교육계·가정주부에 이르기까지 일주일 중 가장 기대하는 날이 되었다.

허춘발 회장은 초등·중고교에서 40여 년 교편생활을 해 오면서 샤오류추가 타이완 본섬에서 멀리 떨어진 외딴 작은 섬으로서 생활이 고되고, 남자들은 어업을 하며 아침 일찍 집에서 나가 늦게 들어오거나, 배 타고 출항해서 수개월 혹은 근 1년 만에 집에 들어오는 가정이 많은 것을 잘 알고 있었다. 샤오류추의 부모들은 공부를 많이 못했고, 바다에 의존해서 위험한 삶을 살아가면서 자식들에게 독서하라고 권유할 여유도 없었다. 가정주부들은 가사·농사·천짜기·가축 돌보기·어구 준비·밥하기 등으로 바빠서 독서나 진학하는 경우가 매우 드물었다. 허춘발 회장은 교육수준을 올리고 빈곤을 구제할 수 있는 유일한 방법이 독서밖에 없다고 생각하고 적극적으로 독서회에 호응하게 된 것이다.

두 번째는 '점동인漸凍人' 진굉陳宏과 그의 부인 유학혜劉學慧 여사다. 이분들은 독서회에 의지해서 인생에서 가장 힘든 단계를 걸어온 사람들이다. 진굉은 희귀병을 앓아서 전신에서 눈만 움직일 수 있었다. 그는 눈으로 영혼을 써 내려가면서 11년 동안 35만 자로 기네스 세계 기록을 만들어냈다.

2009년 나는 그를 방문해서, 그가 갖은 심신의 고통을 이겨내고 인류를 위해 한 편의 역사를 써냈다고 칭찬했다. 나는 "과거에 우리는 신문지상에서 자주 만나는 사이"라고 했다. 평상시에 나는 책과 신문을 애독하고, 당시 진굉이 『대화만보大華晚報』에서 편집장을 맡고 있을 때 초청을 받아 불광산 해외 사찰을 방문하고, 글을 써서 소개도 했다. 『인간복보』 출간 전에 출간한 월간지에도 글을 기고하고, 일찍이 불광산에 초청을 받고 3일 동안 연구토론회에도 참석한 적이 있다. 그는 또한 유명한 촬영가로, 일찍이 각 촬영대회에 심사위원으로 참석하기도 했다. 그리고 세신世新대학의 전신인 전파학원에서 20여 년간 교편을 잡기도 했다.

유학혜 여사는 남편 진굉을 돌보며 틈틈이 시간을 내 두 번의 점동인협회漸凍人協會 이사장직을 맡아서 큰 사랑으로 점동인(근위축성측색경화증, ALS) 환우를 위해 봉사했다. 운동뉴런 질병으로 누워 있는 남편을 위해 화강華江고등학교 교무주임직에서 일찍 퇴직하고 간병에 집중했다. 간병 과정에서 슬럼프도 있었지만, 독서회원들의 끊임없는 응원과 격려가 이들에게 끊임없이 솟구치는 힘을 주었다.

세 번째는 바로 위훈장魏訓章 거사이다. 일자무식의 그는 평생 농사를 지었는데, 사람됨이 순박하고 성품이 바른 사람이다. 1992년 불광회에 가입하면서 그의 단순노동 인생에 변화가 생겼다. 2002년 원림강당員林講堂 주지 만주滿舟 스님이 독서회를 열어 학교 선생님과 교장 선생님들을 요청하여 직접 인솔케 함으로써 원림 강당이 독서 분위기가 가장 무르익은 사찰도량이 됐다. 만주 스님은 교실마다 우아한 독서실로 꾸미고, 입구마다 각기 다른 독서회 명칭을 걸어 놨다. 글자를 알든 모르든 모두 교실에서 독서하며 마음껏 이야기했다.

위훈장은 독서회 가입 후 선생님에게 글을 배우고 독서를 했다. 선생님은 불교 게송을 여러 음조의 창법으로 불러주었고, 듣는 사람은 애청하면서 게송의 함의에 대해 토론했다. 수업이 끝나면 위훈장은 집에 돌아가서 그가 심어 놓은 파파야들에게 배운 것을 불러주었다 한다.

흥미로운 것은 그의 파파야들은 두 번에 걸친 태풍에도 우뚝 서서 흔들리지 않았다는 것이다. 위훈장은 다른 밭의 파파야는 다 쓰러졌는데 자기 밭만 멀쩡했다고 얘기하면서 "역시 공부한 파파야가 어디가 달라도 달라" 하고 얘기했다. 비록 글은 몰랐지만, 위훈장은 독서회에서 배운 옛 고승의 게송 속에서 즐거움의 원천을 찾은 것이다.

네 번째는 '미용실의 철학자'로 명성이 있는 홍명욱洪明郁 **거사다.** 그는 희격熙格 체인살롱의 사장이다. 젊고 유망한 사업가로 미용업계에선 명성이 있는 사람이다. 타이베이와 이란에서 모두 13개의 체인을 갖고 있다. 매주 일요일 오전 8시~10시까지 그의 13개 체인에서 독서회가 동시에 진행된다.

2002년 그는 독서회 육성과정을 마치고 나서 나의 독서 이념을 자기 기업·직원·고객에게 전파했다. 그는 매주 직접 '점장독서회'를 주관하고, 점장들은 돌아가서 직원들과 같이 독서를 했다.

그가 말하길, 보통 미용실 직원들은 책 읽기를 경시하고 싫어하는데, 직원들은 처음 독서회를 하겠다는 얘기를 듣고는 마음속으로 배척했다고 얘기했다. 후에 그는 여러 가지 교묘한 방법을 동원하여 평소에 얘기할 용기가 없고, 말이 서툴고, 생각하기 싫은 습관을 가진 점장들에게 독서회에서 말하게 하고 서로 교류하는 기회를 마련해줬다.

젊은 점장들은 처음엔 배척하다가 점차 독서에 재미를 들이고 받아들였으며, 돌아가서 더 많은 직원들을 이끌며 책을 읽었고, 또 직원들은 책에 나오는 재미있는 부분을 손님에게 머리를 감겨주면서 얘기하고, 손님도 호응하면서 다시 와서 서비스를 받게 되는 원인이 바로 독서였던 것이다. 손님의 대부분은 시어머니가 며느리를 데려오고 엄마가 딸을 데려오는 식이며, 한번 오면 기본적으로 10년 단골이 된다. 직원들은 독서로 인해 과거에 손님 머리를 감기며 잡담하던 나쁜 습관이 없어졌으며, 지금은 독서 덕분에 손님의 신뢰도 얻고, 어떤 손님은 직접 직원들 독서회에 가입까지 했다고 한다.

각 지역에서 싹트는 씨앗

타이중에서 한때는 '마작회'였다가 지금은 '독서회'로 바뀐 지역의 이야기가 있다. 불광회원 구숙혜邱淑惠는 새로 이사 들어간 아파트의 건물관리위원회 회의에 참석했는데, 회의 중에 참가자들이 의견 일치

없이 자기 이익만 주장하고 의자를 던지고 상을 뒤엎고 무력충돌까지 갈 상황을 목격하고 구숙혜는 너무나 무서웠다. 그런데 재미있는 것은, 이 위원들이 회의 중에는 의기투합을 못하지만, 사적으론 밤에 모여서 서로 일이나 정치 얘기를 하고 심지어 마작까지 함께 한다는 것이다.

당시 '쾌락독서회' 인솔자였던 구숙혜는 남편들이 마작하는 것을 싫어하던 이웃 여성들을 모아서 '호린거독서회(好鄰居讀書會: 좋은 이웃 독서회)'를 설립했다. 점차적으로 더 많은 이웃이 호린거독서회에 가입했다. 독서회가 생기고 나서 동네 사람들은 독서토론을 통해 새로운 생활의 목표를 찾았다. 뿐만 아니라 자녀교육법도 찾았고 이웃 간 이해와 화합도 잘 이뤄냈다. 심지어 독서회 회원이 자발적으로 돌아가며 지역 주임위원을 자처해 여러 가지 활동을 추진하여 지역이 활력적으로 변했다.

2012년 도중강습회徒衆講習會에서 유럽 도량에 가 있는 만겸滿謙 스님이 포르투갈 리스본에서 독서회 신도대중을 많이 모집했다고 보고했다. 포르투갈 불광산독서회의 회원은 다양한 연령층으로 구성된다. 여성과 금강독서회 외에도 아동·청소년층을 포함하고 있고, 수업은 포르투갈어로 독서 토론한다. 독서회는 리스본 중심가에 있는 화인華人 점포들에게 풍부한 마음의 양식을 안겨줬다.

그 밖에 '일일시호일(日日是好日: 날마다 좋은 날)' 다선열락茶禪悅樂의 성대한 모임이 유럽 11개 도시를 순회한 후, 다선문화세련 모임에 참가한 리스본 신도들이 여운이 많이 남아 서향회우書香會友 모임을 결성하고 삶의 질 향상을 위해 노력했다.

대학교수와 책을 좋아하는 불광회 간부들을 포함한 한 무리 사람들의 발심으로 독서회의 영향력이 점차 시내 중심부 상가까지 미쳤다. 업주들은 일과 후 서로 약속한 듯 빌딩 안이나 자기 점포에 모여 독서회를 열었다. 『불광채근담』에 나오는 짧은 수십 글자가 이들 인생의 다양한 가치를 생각하게 만들었고, 점진적으로 인생의 목적이 돈이 전부가 아니라는 것을 깨닫게 됐고, 독서회가 이들의 시야를 크게 넓혔다. 이런 업주독서회 설립을 위해 김의金毅 거사가 동분서주하며 사람들을 소집했다. 이들은 매주 같이 공부하면서 독서하는 시간이 일상생활 중에서 제일 행복한 일 중 하나가 되었다.

특이한 것은, 포르투갈의 각심覺心 스님과 장인채莊寅彩 고문이 이끄는 포르투갈어 독서회에 현지인들이 많이 가입했다는 것이다. 포르투갈 지식인 중에서는 매주 왕복 7시간 차를 타고 와서 독서회에 참여하는 사람도 많다.

독서회는 마치 외딴섬에 다리를 놓은 듯 사람들이 점점 더 많이 참여해서 내 저서를 중국어와 포르투갈어로 대조·해석한 후 번역했다. 그들의 집단창작으로 『팔대인각경八大人覺經』뿐만이 아니라 『Condeitos Fudamentais do Busismo(불법개론)』·『Budismo Significados Profundos(불교교리)』라는 두 권의 책도 포르투갈어로 번역해서 현재 제피로(Zefiro) 출판사에서 발행하고 있다. 이것은 현지에서 인간불교가 발전할 수 있는 새로운 계기가 될 것으로 믿는다.

독서하는 책이 점점 풍부하게 쌓임에 따라 그들은 원래 서로 경쟁하는 관계에서 좋은 인연을 맺고, 독서회의 공동이념을 관철시키며 사이좋고 조화로운 관계로 변했다. 나중에는 "좌이언 불여기이행(坐

而言 不如起而行: 앉아서 얘기하는 것보다 일어나서 행동하는 것이 더 낫다)" 이란 말처럼 더 열심히 불광회 봉사활동에 헌신해서 사회공익사업에 참여하고, 심지어 아동독서회에 참여한 아동들마저 모아둔 적금을 털어서 사회 약자를 돕는 일에 동참했다.

최근에 각배 스님이 내게, 말레이시아 '2012년 제1기 「지혜창신智慧創新」 전국 선생님 생명교육 연구캠프'가 불광산 동선사東禪寺에서 3일 일정으로 열렸고 모두 3백 명의 교사가 참가했다고 보고했다. 이 캠프는 말레이시아 교육부 차관 위가상魏家祥 박사가 특별 지도를 맡고, 전국교사연맹에서 협찬하고, 동선불교학원에서 주관하는, 말레이시아 교육부에서 처음으로 연구캠프에서 받은 점수를 학교 학점으로 인정한 경우이다.

독서회 설립 10년을 회고하면, 낭랑하게 책 읽는 소리가 산에서 바다로, 지식인에서 일자무식의 할머니에게, 사찰에서 지역사회·공원·가정으로 퍼지고, 수많은 사람들이 독서회에 참여함으로써 지식이 증강되고 마음이 정화되며 기질에도 변화가 생겼다. 어떤 사람은 독서회 참여로 우울증이 치료되고, 파경을 맞은 부부가 화해하는 일도 있었다. 독서 '모임(會)'으로 인해 사람과 사람의 거리가 좁혀지고, 자신감 증대, 지식학습 제고提高, 더 많은 독서 친구를 사귀게 되는 계기가 될 줄은 생각지도 못했다.

언제나 변함없이 독서회총부에서 주관하는 대형 '독서활동 및 육성과정'에 참석해 준 고희균 교수·재송림柴松林 교수·정석암鄭石岩 교수·진이안陳怡安 교수·간정혜簡靜惠 여사·방융장方隆彰 선생님에게 진심으로 감사드린다. 과거 10년 동안 독서회총부는 16개 나라, 174

개 도시를 방문하고 491번의 육성과정을 진행했으며, 근 10만의 독서애호가와 효율적인 독서 가이드에 관해 공유하고, 각종 도구들을 선용해서 독서가 가정에서 학교로, 사찰에서 감옥으로, 도시에서 농촌으로, 타이완에서 세계로 퍼져 나가게 했다.

과거에 사람들은 중화민족이 책 읽을 씨앗이 있고 독서를 하기만 하면 부단히 발전할 것이고, 중화문화는 빛날 것이라고 했다. 나는 전 세계 불광인이 불교도를 이끌어서 독서 풍토를 만들어 내기를 희망한다. 부모 된 사람은 자녀에게 책 읽을 것을 장려하고, 자녀는 부모에게 책을 선사하고, 친구 사이에 책 선물을 해서 국가가 책으로 인해 부강해지고, 사회가 책으로 인해 귀해지고, 사람마다 서향에 젖는 인생을 살기 바란다.

◆ 본문출처: 2013년『백년불연 5-문교편 1』

◆ 사단社團의 혜명慧命은 문화교육에 달려 있다. 문화는 마음을 정화하고, 교육은 기질을 변화시키고 번뇌를 뿌리 뽑는다.

사단을 일으키는 것은 자선집회에 있고. 자선은 색신을 구할 수 있고, 집회로 공감을 달성할 수 있고, 대중을 바로잡아 도울 수 있다.

◆ 독서는 도리와 사리통달이 근본 취지이고, 방법과 기교로 보좌한다.

독서는 근면성실과 정독으로 효과를 보는 것이고, 심혈을 기울여서 임하는 것이 실제적인 것이다.

_ 본문출처: 『불광채근담』

❖ 나의 대학 등 사회교육에 관하여

내가 10살 되던 해(1937)에 칠칠 노구교 사건이 발생해 장개석이 결사항전을 선포하였는데, 나도 아동 항전의 대열에 가입했다. 그 당시 사회의 모 인사가 항전반抗戰班을 조직해서, 나도 가입해서 항전의 노래를 배웠다. 예컨대 "오직 철, 오직 피, 오직 철과 피만이 중국을 구할 수 있다." 또 "일어나라! 일어나라! 우리 모두 일심단결해서 적의 포화를 뚫고 전진! 전진! 전진!" 아마 이것이 내가 사회교육에 참가하기 시작한 일이었을 것이다.

후에 출가해서 10년 동안 사회와 단절된 생활을 했다. 내가 불교학원을 떠나기 얼마 전 중국이 대일對日항전에서 승리를 했다. 아직도 기억이 생생한 것은, 항전 승리 퍼레이드에 참가할 때 내 나이 18살이었고, 애국애민의 입장에서 국가의 흥망은 모두의 책임임을 알고 내 양식에 맞게 사회에 조금이나마 공헌하고 싶었다. 타이완에 오기 전 짧은 기간 동안 난징 화장사華藏寺에서 주지를 한 적이 있었다. 사찰 산하에 화장학교華藏學校와 직물공장이 있었으나, 원래부터 있는 거라 나는 염두에 두지 않았다. 하지만 사회봉사·사회교육 추진에 대한 생각은 계속 마음에 두고 있었다.

교육사업에 투신할 발심을 견지하다

처음 타이완에 왔을 때 사회적으로 정치탄압의 힘이 만연했다. 이른바 '백색공포白色恐怖' 시대(1949년 계엄령 선포부터 1987년 계엄령 해제까지 이르는 국민당 독재 시기)에 사람들에게 활동이나 청년에 대해 얘기만 하면 얼굴색이 금새 변하곤 했다. 하지만 양심을 걸고 국가와 사회를 위하는 일이라면 못할 일이 무엇인가?

그래서 나는 이란에서 '아동반' 설립을 시작했다. 또한 정부에 신청해서 '자애유치원' 설립과 함께 교육부에 '문교보습반'을 등록했다. 문화예술 제창을 위해 '문예글짓기반'을 조직해서 청년들이 노래하고 홍법하는 것을 독려했다. 그 당시 내 유일한 희망은 백색공포에 억눌려 있는 민심에 배려와 해방감을 주는 것이었다.

후에 장경국(蔣經國, 장징궈: 장개석의 장남. 1978~1988년까지 타이완 총통) 선생은 명실상부한 선지자로서 타이완에 즐겁게 가르치는 방식을 제시하면서 '청년구국단'을 만들었다. 이 단체는 매년 겨울방학과 여름방학에 다양한 과학·문화예술 활동 캠프를 개최하면서 청년들이 정당하고 정상적이면서 건강한 오락활동에 참여할 수 있도록 했다. 단체 이름은 '구국'이지만, 실은 구심救心 운동이었다.

내 개인적인 인생사전에서 교육은 많은 종류로 나눠진다. 소위 불교교육에는 승가교육·거사교육·아동교육·자선교육이 있다. 사회교육 측면에선 일반적인 학교교육·직업교육·부녀가사교육 및 각종 직업훈련교육이 있다.

1953년 1월 이란에 와서 1956년 '자애유치원'을 창립해서 정부에 등록하고 '광화문리학원'을 설립한 것이 내 사회교육사업의 시작이었다.

이란에서 유치원 교육을 할 때 '유치원 선생님 훈련반'도 운영해서 수백 명의 유치원 선생님을 배출했다. 나중에 타이완 전체 유치원 선생님 중 우리 훈련반에서 배출한 선생님이 없는 곳이 없었다. 당시 자애유치원은 안타깝게도 교실이 2개밖에 없어서 내가 임시로 사무실을 지어줬다. 그러나 나의 유치원에는 그네·미끄럼틀·낭마(浪馬: 흔들 목마), 심지어 작은 동물원까지 없는 것이 없었다. 그 당시 유치원 어린이들 나이가 너무 어려서 유치원에 오는 것을 싫어했는데, 유치원 작은 동물원에 원숭이·토끼·다람쥐 등이 있어 아이들이 동물과 노는 것을 좋아했기에 유치원 등교를 싫어하는 문제는 자동으로 해결됐다.

나의 초대 유치원 원장은 장우리張優理(자혜慈惠 스님)였다. 개원開園한 지 반년도 안 돼서, 자애유치원과 뇌음사가 이란의 북쪽 입구에 있었고 임씨林氏 사당은 남쪽에 위치해 있었는데, 어린이들의 등교 편의를 위해 임가묘 안에서 유치원 분원을 또 설립해서 오소진吳素眞(자용 스님)이 원장을 맡았다. 얼마 후 수아오(蘇澳) 시멘트공장에서도 유치원을 설립하겠다고 해서 자용 스님이 가서 원장을 했고, 후임으로 장자련張慈蓮이 이어받았다.

사실 가오슝의 불교신도들도 유치원 개원을 희망해서 자용 스님의 협조 아래 가오슝 지역에서 유치원 설립을 했다. 일시에 타이완에 유치원 교육이 왕성해지면서 타이중·위안린(員林) 등 각 지역에 우리가 배출한 선생님들이 유치원 교육을 위해 헌신했다.

나 자신은 한 번도 정식으로 사회에 있는 학교교육을 받아본 적이 없지만 학교 설립은 좋아한다. 특히 사원총림에서 승가교육을 통해 남 돕기를 매우 좋아하는 넓은 흉금을 길러냈다. 또 불교가 사람을 도울 수 있는 첫 번째가 교육이라고 생각해서 더욱더 확고하게 사회교육을 하게 됐다.

유아교육 외에도 나는 각종 직업보습반을 운영했다. 예컨대 요리보습반·양재보습반·화훼반·부녀가사반 등등. 한마디로 비록 나는 미천하지만 사회는 승승장구하기를 희망하고, 가급적 모두에게 교육받을 기회를 제공해서 사회에서 성공하기를 기원한다. 동시에 나는 누구나 5장의 면허증은 있어야 된다고 얘기한다. 예컨대 운전면허·교사면허·간호면허·수도전기면허·변호사면허 등의 면허가 있어야 취업이 되고, 취업이 돼야 좋은 생활이 보장되기 때문이다.

모든 일은 시작이 어렵다

나를 사회교육의 길로 기꺼이 걸어가게 만든 인연은 이 시기에 내가 사회와 불가분의 관계에 있음을 알게 된 것과 상관이 있다.

나는 간단한 교육기구를 만드는 것에 만족하지 않고, 신도 진수평陳秀平을 통해 남정南亭 스님·오일悟一 스님과 공동으로 당시 타이베이 중화향中和鄉에서 '지광智光상공직업학교'를 설립했다. 지금 진수평·남정 스님·오일 스님은 다 돌아가셨고, 지광학교의 원래 창시자는 나 혼자 남았다. 지금에 지광학교 이사회는 학교 설립 당시 우리의 원력과 고심을 알 수 있을까?

타이베이에서 지광학교를 설립하면서 교육에는 간부가 많이 필요하고 이 모든 것은 불교학원에서 시작되어야 한다고 생각했다. 하지만 마땅히 불교학원을 할 장소가 없었다. 그 당시 신도들과 나는 가오슝 수산壽山공원에서 신도들의 수행을 위해 '수산사壽山寺'를 건립하고 있었는데, 난 신도들의 생각은 아랑곳하지 않고 직설적으로 우선 불교학원부터 설립하자고 신도들과 상의했다! 이렇게 해서 1965년 '수산불학원'이 탄생했다.

불교학원 설립 초기에 소수의 신도들은 마뜩찮게 생각하며 혹시나 내가 경제적 문제에 봉착할까봐 이렇게 경고하는 것이었다. "큰스님, 불교학원을 추진하시면 밥을 굶을 수도 있어요!" 하지만 나는 전혀 흔들리지 않았다. 불교학원 개학 첫 학기에 입학생이 겨우 한 반 24명이었다. 이어 제2기 학생도 24명이었고. 제3기 입학생도 24명과 입학시험을 안 보고 들어온 청강생들 뿐이었다.

그 당시는 확실히 불교학원을 운영하면 재정적으로 매우 어려워서, 나는 장례식장에서 밤을 새워 망자를 위해 재를 지낼 준비를 했다. 나는 원래 경참불사(經懺佛事: 망자를 위한 천도불공)를 안 하는 사람이지만 불교학원을 위해 밤새 불사해서 벌어들인 돈으로 학원운영에 보탰다. 청강생들을 불러서 같이 밤새 불공을 드리고, 대신 입학시험 없이 방청하는 것을 허락했다. 청강생들 덕분에 경제적 문제가 해소됐다.

교육에서 가장 중요한 것은 교사의 자질이라고 생각한다. 수산불학원 초기에 왜 젊은 청년들이 몰려와서 수산불학원에서 공부하려 했을까? 나에겐 우수한 선생님들이 있었기 때문이다. 예컨대 회성會性 스님·자운煮雲 스님·성엄聖嚴 스님과 불교를 연구하는 국군60병공창 부설병원 원장 당일현唐一玄 거사, 선종·정토·유식에 대해 박식한

해군 기관장 방륜方倫 거사, 국어를 가르친 가오슝여자중학교 교무주임 대기戴麒 선생님, 자연과학을 담당한 성공대학의 염로閻路 교수 등이 있었다.

이런 소규모 불교학원을 하는 데는 허가가 필요하지 않았기 때문에 많은 사찰에서는 하다 멈추고, 멈췄다 또 하는 식으로 불교학원을 운영했다. 혹은 3년을 1기로 하여 3년 과정의 수업이 끝나면 다시 신입생을 받는 방법을 취했다. 하지만 나는 불교학원을 일반학교 학제처럼 매년 신입생을 받고, 1년을 2학기로 나누고, 겨울·여름방학이 있고, 장기적으로 불교교육을 하기로 발원했다. 수산불학원에서 동방불교학원으로 개명하고, 동방불교학원에서 총림학원으로 개명하면서 매년 약 백여 명의 청년들이 입학하고 있는데, 이는 지난 50년 동안 끊임없이 이어지고 있다.

50년 동안 수산불학원 설립 외에도 각 지역에 지원支院을 세우고 지속적으로 지부를 설립했다. 예컨대 해외의 경우 호주 남천사의 남천불학원, 미국 서래사의 서래불학원 및 홍콩불학원·인도불학원·필리핀불학원·말레이시아불학원·브라질불학원·남아공불학원 등이다. 타이완 국내에선 이란에 란양蘭陽불학원·장화(彰化)에 복산福山불학원·자이에 원복圓福학원·타이베이에 타이베이여자불교학원·지룽에 지룽여자불학원·타이베이에 중국불교연구원과 타이베이 시먼(石門)에 남중男衆불교학원 및 사미학원 등을 세웠다.

불교학원을 설립하는 것은 사범학교를 설립하는 것과 같아서 학생들의 식食·주住는 전액 면제해 주고 약간의 용돈도 지급했다. 하지만 "덕이 있는 사람은 외롭지 않으며 반드시 이웃이 있다"는 말처럼, 신도들이 교육의 성과를 보고 점차 따뜻한 마음으로 찬조를 하기 시작했다. 현재 총림에서 마련한 장학금만 해도 200가지가 넘을 것이다. 이 많은 장학금으로 매년 불교학원에서의 수많은 곤란한 문제를 해결했다. 나는 제도를 만들어서 식·주를 불광산에서 제공하는 것 외에도 학생이 200명이 넘으면 도량에서 매월 100위안을 지출해서 학원 행정비용으로 쓰게 했다.

불광산 개산 초기에 나는 승가교육에 만족하지 않고, 사회교육을 추진할 것에 대한 생각이 식을 줄을 몰랐다. 타이베이의 지광상공학교 외에도, 교육청에 있는 친구가 강산岡山의 정기正氣중학교를 맡아줄 것을 부탁했다. 정기중학교는 원래 장경국 선생이 중국 강서江西에서 설립한 학교인데, 1963년 타이완 가오슝 강산에서 재 개교했지만 운영에 어려움이 있어 나에게 요청한 것이다. 나는 정기중학교를 불광산으로 옮겨서 복교했고, 그것이 나중에 지금의 '보문普門중학교'가 된 것이다. 제갈공명이 "비바람이 몰아칠 때 학교를 설립하고, 전란 사이에 책임을 맡다"라고 말한 것처럼, 태풍 셀마가 기승을 부리는 일주일도 안 되는 짧은 시간 동안 나는 신입생 모집에서부터 개학까지 완수했다.

보문중학교 창립 30년 동안 역대 교장인 자혜·의공·혜개·혜전·왕정이·의순·진내신·엽명찬·임청파에서 현임 소금영 교장과 모든 선생님들의 학교에 대한 헌신이 있었기에 오늘날 푸른 나무가 그늘을 이루고, 복숭아나무와 자두나무가 온 하늘에 가득할 수 있었다.

보문중학교는 개교 이래 지금까지 30년이 넘었다. 그 긴 세월 동안 얼마나 많이 투자한 것이지 모른다. 모든 학교이사회 이사들이 한 번도 거마비를 받은 일이 없고, 모든 것은 학교에 귀속되었으며, 심지어 불광산 도량도 가끔 학교에 부족한 경비를 보조했다.

학교 설립 기간에 쓴 비용은 빼고, 학교 이전·토지 구매와 건축비에만 5억 위안이 들었다. 보문중학교 외에도 푸리(埔里)의 균두均頭초등·중학교, 타이둥(臺東)의 균일均一초등·중학교와 이란 터우청(頭城)의 첫 번째 공공민영 인문학교도 같은 이념으로 사회봉사를 위해 설립한 것이다.

실체에서 가상으로 가는 교육학습

나는 교육에 대한 열정으로 신도대중들이 불교에 대한 인식 제고와 밖으로 뻗어 나가자는 인간불교의 이념에 의거해서, '사원학교화'를 도량의 홍법방침으로 제시했다. 어디서든 사찰을 세우게 되면, 나는 사찰 내에 '도시불학원'을 설립해서 재가신도도 불법을 접할 수 있는 인연을 만들어 주고 인간불교가 널리 보급될 수 있도록 했다. 나는 인간불교의 전파를 위해 타이완의 북에서 남으로… 타이베이·지룽·타이중·자이에 이르기까지 모두 16곳에 지역사회대학을 설립했다. 심지어 방송국을 개국해서 'TV불학관' 프로를 편성해 "가정이 학교가 되고 응접실이 교실이 되기"를 희망하며, 다양한 프로그램 내용을 TV 매체를 통해 인간 사회에 불법이 전파되도록 하고, 모든 시청자가 인생의 지혜를 얻기를 바랐다.

2004년 우리는 인터넷매체를 통해 '천안天眼인터넷불학원'을 개설하여 전통교육의 한계를 타파하고 또 다른 사회계층에게 불법을 접할 인연을 제공했다. 그 외에 신문지상에 실질적인 불학원은 없지만,

나는 '지상紙上불학원'을 개설해서 기타 매체를 선도하고, 사회대중이 다 몸은 좋은 일하고, 입은 좋은 말하고, 머리는 좋은 생각하기를 희망했다.

나는 사회 악습과 탐욕에 변화를 주려면 필히 교육으로 정화해야 된다는 것을 알고 있었다. 성과가 어떻게 나오든 개의치 않고 다만 최선을 다할 뿐이다.

나중에 사회구조가 변함에 따라 독신귀족이 늘었다. 불학원에서 공부하기를 원하지만 나이가 초과돼서 입학이 어려웠던 사람들을 위해 나는 1994년에 '승만勝鬘학원'을 설립했다. 4개월 교육과정을 1기수로 정해서 행각(行脚: 여기 저기 돌아다님)으로 참학參學하게 했다. 나는 그들이 세계 곳곳을 누비며 심량心量과 시야를 넓히고, 생명의 개념에 대해 사고해서 자기 인생의 진정한 가치와 방향을 찾기를 바랐다.

나는 60년 전부터 사회교육에 대해 관심이 있었고 대학 설립을 생각해 왔다. 하지만 내 운이 그리 좋지 않아서 타이완정부가 사립대학 설립을 허가할 때 난 힘이 없었다. 1970년에서 1980년대에 내가 능력이 조금 생겼을 때에는 타이완정부가 또 돌연 사립대학 설립을 불허했다. 타이완에서 대학 설립이 불가능했기 때문에 나는 미국 LA에서 '서래대학'을 먼저 하게 된 것이다.

1994년 미국 정부로부터 I-20(학생입학허가) 신입생모집허가증을 받고 미국서부대학연맹(WASC)에 중국인이 설립한 대학으로 영광스럽게 첫 번째 회원이 됐다.

그 외에도 나는 많은 중화中華 학교를 설립했는데, 그중에 규모가 가장 큰 것으로 미국 서래학교·호주 중천학교가 있다. 서래학교는 교실 10여 개에 100여 명을 수용할 수 있고, 서방 국가에서 개설한 중화학교로는 서래사西來寺가 1호다.

LA의 신도들에게 감사드린다. 예컨대 진거陳居 부부·진정남陳正男 부부·장경연張慶衍 부부·만통은행 오이배吳履培 형제, 그리고 나와 '서래대학장학금'을 공동으로 만든 반효예潘孝鋭 선생 등이 학교에 크게 도움을 줬다. 여러 해 동안 많은 석·박사를 배출했는데, 특히 한국과 인도차이나반도의 불교국가들을 위해 인재육성에 협조한 공헌이 있다고 하겠다.

진내신陳迺臣·황무수黃茂樹·랭커스터과 현임 오흠삼吳欽杉 교수 등의 역대 총장들 그리고 서래대학은 비단 선심을 가진 신도들만 발심하게 만드는 것이 아니라, 서래사 대중들도 항상 법적인 수익(法務所得)을 서래대학에 귀속시켜서 20년이 지난 현재까지 누적금액이 수천만 불에 이른다.

처음 서래대학을 설립할 때 토지와 가옥만 대략 3천만 불이 필요했는데, 단번에 이 막대한 자금을 어떻게 마련하겠는가? 다행히도 불법은 참으로 불가사의한 인연이 있다는 것이다. 1990년 초봄에 타이베이 보문사에서 '양황梁皇법회'를 하는데 참여한 신도들이 너무 많아서 600명씩 두 팀으로 나눠서 도합 1,200명이 예불하고, 나도 초대를 받아 타이베이로 가서 신도들을 독려했다.

내 기억에 법회가 시작되고 신도들이 염불할 때 나는 홀로 사무실에 있었는데, 마침 서예를 연습하는 제자의 자리에 앉아 붓을 들고 몇 자 써보자고 생각했다. 이때 갑자기 어느 노부인이 들어와서 내 주머니에 10만 위안을 쑤셔넣고 말했다. "이거는 큰스님께 드리는 것이니 불광산에 주지 마세요!"

거절하기도 뭐해서 손에 잡히는 대로 '신해행증信解行證' 네 글자를 노부인에게 써서 드렸다. 그런데 노부인이 내 글을 들고 법당에 가서 자랑하며 "이것은 큰스님께서 나를 위해 써주신 겁니다!" 하였다. 그러자 사람들이 "우리도 주세요!"라고 하자, 노부인이 "이 글은 10만 위안짜리입니다!" 하였다. 현장에 있던 신도들의 형편이 넉넉한 편이라서 너도 10만, 나도 10만 위안을 내었다. 그리하여 내가 이틀 동안 모두 천여 명에게 글을 써주면서 모은 돈이 근 1억 위안이었고, 전액을 서래대학 건립기금으로 썼다. 실로 선인묘과善因妙果가 아닐 수 없다! 후에 나는 계속 그 노부인의 성함을 회상해 내려고 했지만 끝내 기억나지 않았다.

24년 전, 즉 1989년 호주 울런공시에 프랭크 아켈(Frank Arkell) 시장이 시의회에 남천사 땅을 불광산에 기부하자는 안건을 발의했다. 2000년에는 주지 만겸 스님이 울런공시 조지 해리슨 시장을 수행해서 불광산을 참방했다. 얼마 후 울런공시의회에서 과반이 넘는 2/3 찬성으로 80에이커 땅을 불광산 남천사에 기부하고, 대신 대학과 미술관을 세워주는 조건으로 기부하겠다는 소식을 접했다. 토지기부의식은 현지에서 만겸·만신 스님이 변호사 입회하에 진행됐다. 7년의 계획수립기간을 거쳐, 2007년 나와 호주타이완경제문화판사처 대표 임송환林松煥과 울런공시 시장 대표 데이비드 파머 등이 참석해서 첫 삽을 떴다.

남천대학은 서래대학·남화대학·불광대학에 이어 네 번째로 설립한 대학이다. 과거엔 외국에서 타이완에다 보인대학·동해대학·동오

대학 등 많은 대학을 설립했다. 이제 호주정부가 우리에게 대학을 설립할 기회를 줘서 불광산이 세계에 보답할 수 있는 기회를 가질 수 있게 되었다.

많은 사람들의 의지를 모아 이루는 교육사업

하지만 외국에서 대학을 설립하는 것은 내가 진정으로 원하는 것이 아니니, 왜 내 나라에서 대학을 설립할 수는 없는 것인가? 일부 신도들은 내 뜻을 알고 나를 지지해 줬다.

예컨대 일월광그룹(日月光集團, ASE Technology Holding Co.)의 장요굉영張姚宏影 노보살은 내게 오천만 위안의 수표를 주면서 "이 돈으로 대학 설립에 보태 쓰세요"라고 하였다.

내가 말했다. "안 됩니다. 아직 시작도 안 했는데, 받을 수 없습니다!"

노보살이 말했다. "지금 안 받으셨다가, 나중에 설립할 때 내가 돈이 없으면 어떻게 하시려고 그러세요?"

나는 그녀에게 대답했다. "말은 그렇지만 내가 돈을 받고 나면 노보살께선 계속 내게 '학교는?' '대학은?' 하고 물어 오실 것이고, 나에겐 큰 부담이 아닐 수 없습니다."

그래서 끝내 노보살의 돈을 받지 않았다. 하지만 노보살은 나중에 내게 "큰스님을 대신해서 은행에 예금해 놨으니, 언제든 필요하면 꺼내 쓰세요"라고 하는 것이었다.

그 밖에 가오슝현의 여진월영余陳月瑛 현장縣長이 1991년 그믐날 밤 불광산에 방부를 들이고는 내게 말했다. "내일 아침이 설 연휴이니까 큰스님 모시고 대학 설립할 땅을 보러 가시죠." 여진월영이 나를 데리고 보러 간 땅은 바로 지금의 가오슝사범대학 자리였는데, 다만 그 땅은 국유지였다. 전에 내가 그 땅을 택할 때 가오슝시 시의원들을 모두 초청해서 같이 상의했다. 가오슝시에서는 평당 3만 위안을 달라고 했다. 학교 하나 짓는 데 땅만 30헥타르가 필요한데, 땅값만 수십억이 들어가면 내가 어떻게 대학을 설립할 수 있겠는가?

후에 (이란현) 자오시향(礁溪鄉) 촌장인 진덕치陳德治 선생이 전화해서 "큰스님께서 대학을 설립한다는 얘기를 들었는데, 여기 자오시에 땅이 있고, 큰스님 본인도 이란과 인연이 깊으시니 이란으로 와서 대학교를 설립하세요!"라고 하는 것이었다.

그는 열정적으로 몇 번에 거쳐 나에게 현장답사를 하자고 얘기했다. 사실 땅을 보니 울퉁불퉁하고 전체가 토산의 구릉이었지만, 남이 땅을 제공할 용의가 있으니 지형적인 악조건을 무릅쓰고 "우리 여기에서 대학을 세웁시다!"라고 했다.

이 땅은 50헥타르에 값이 3억 위안 정도였다. 그런데 필히 정부 승인 후에 땅값을 지불할 수밖에 없었다. 하지만 이란현 정부에 국민당 당적을 가진 재무과장이 고집을 부리며 "지금은 가격을 결정할 수 없고, 정부 승인이 나온 후에 시세를 보고 결정하겠다"고 하는 것이다.

"만약 학교설립 승인이 떨어지고 난 뒤에 땅값이 3억에서 30억으로 오르면 나는 어떻게 합니까?"라고 그에게 따져 물었다.

후에 감사하게도 이란현 현장 유석곤游錫堃 선생이 나서며 "모든 책임은 내가 질 테니 허가해 주세요!"라고 했다.

당초 이란불광대학 부지 개발을 흑석토목공사에게 맡겼는데, 5년 동안 땅을 정돈하고 물과 토양을 보존하는 데에만 10억 위안이 들어갔다.

나 개인의 역량으론 부족하다는 것을 알았다. 다만 참된 마음과 원력으로, 무훈(武訓: 청나라 말기 교육사업가)이 학교를 설립한 정신을 본받고, 탁발托鉢하는 방식으로 학교 운영에 필요한 자금을 모으기로 했다. 이어서 1996년에 '백만인흥학운동百萬人興學運動'을 펼쳐서, 백만인이 1인당 월 100위안을 3년 동안 내면 '건교위원'으로 위촉하는 운동을 펼쳤다. 하지만 학교 부지의 환경보호 공사가 더디고 건설 일정이 계속 길어져서, 사람들은 내게 계속 "큰스님, 대학 건설이 어떻게 돼 가고 있어요?" 하며 물었고, 나는 이런 질문들이 매우 버거웠다.

이때 마침 황천중黃天中 선생이라는 분이 자이현 다린진(大林鎭)에서 대학을 설립하는데, 허가는 있고 건설자금이 없어서 내게 대신 맡아서 해 주면 좋겠다고 말하는 것이었다. 그 당시는 전체 학교 부지의 유일한 건축물에 시멘트 거푸집을 막 때어낸 상태였다. 이란학교 부지 건설에 여러 가지 문제도 있고 신도들에게 마땅한 설명을 해 줘야 해서 나는 속으로 '좋다, 그럼 난화(南華, 자이 다린진에 위치)에서 먼저 학교를 만들자!'라고 생각했다.

건설에서 개학까지 8개월이 소요됐는데, 교육부마저 "개학할 수 있습니까?"라며 의심했다. 이에 나는 "나는 할 수 있습니다"라고 답했다. 다행스럽게 중흥공정공사中興工程公司와 옥통건축공사鈺通建築公司의 노고로 1996년 8월 예정대로 개학을 했고, 초대 총장으로 공붕정龔鵬程 선생을 초빙했다.

사회에 보답하고 학생을 돕기 위해 나는 입학하는 1, 2, 3, 4기수 학생들에게 등록금 및 잡비를 면제해 주기로 했는데, 국내에서 처음으로 등록금 및 잡비를 안 받는 사립학교가 됐다. 우리는 개교와 함께 만인한마당축제를 열어 수만 명의 인파가 개교의식을 참관하게 했다. 우리 대학은 처음 시작하는 학교이고 장소도 외져서 다른 대학과 비교해 경쟁력이 없었고, 학생들에게 약간의 특혜를 주지 않으면 청년들을 학교로 끌어올 수 없다는 것을 나는 알고 있었다.

3년 후 10년 시간을 투자한 불광대학 개발안이 허가됐고, 우리는 우선 강의실 건물 한 동을 건설해서 신입생모집을 했다. 2000년에 '불광인문사회학원'으로 허가 받고, 3년 후에는 우수한 학교 운영으로 교육부로부터 '불광대학'으로 바꾸는 것을 허가 받았다.

'백만인흥학운동'에 관해 한 가지 말하자면, 지금 여러분이 불광대학 캠퍼스에 들어가 오른쪽 산길로 가면 비벽碑壁이 있는데, 거기 백만 명의 기부자 이름이 적혀 있다. 학생들이 이것을 보고 감사하는 마음과 복을 아끼는(惜福) 마음으로 공부할 수 있기를 희망한다.

내가 백만인흥학을 제창하는 데 하나의 구호가 있다. 바로 "지혜를 나에게 남기고, 대학을 인간에게 남기고, 공덕을 자손에게 남기고, 환희를 대중에게 남겨라"이다. 후에 3년의 기간이 지나 학교 건설 공사는 미완성이었지만, 계속 매월 100위안을 후원하는 사랑스런 신도와 발심하는 인사들이 있었다. 심지어 개교한 지 10년이 넘은 현재까지도 찬조는 이어지고 있다.

확실히 학교 설립은 간단치가 않다. 매년 대학이사회에서 3억 위안을 학교 운영자금으로 보태야 하고, 불광산도 많은 학교에 지출해야 하는 비용 때문에 골머리를 앓지만, 다행스럽게 매번 순조롭게 관문을 통과할 수 있었다.

현재 불광대학 총장은 양조상楊朝祥 선생이다. 그는 원래 교육부 장관이었고, 2008년엔 고시원시험선정부 부장을 맡고 있었는데 나의 요청을 받아서 부장직을 사임하고 불광대학 총장으로 취임한 것이다. 그가 학교 업무에 최선을 다했기에 대학의 위상이 크게 상승했으며, 전체 선생님들과 학생들이 존경하고 인정하는 인물이다.

지금 불광대학은 세계에서 가장 아름다운 대학이라고 일컬어지고 있다. 특히 낮 수업시간에 교실에 앉아 있으면 마치 구름 위에 떠 있는 듯한 느낌을 받는다. 구름과 안개 속에서 수업하는 것도 굉장히 시적인 운치가 있다.

공기 신선한 저녁에는 산 아래 난양蘭陽평원에 밝혀진 백만 불빛은 알알이 진주 같아서 손을 내밀면 닿을 듯하며, 참으로 멋들어진 경치가 펼쳐진다. 어떤 사람은 불광대학이 5성급 호텔 같다고 하지만, 나로서는 5성급 호텔보다 5성급 학교·5성급 대학이야말로 진정으로 내가 원하는 것이다.

남화대학이 개교한 지도 10년이 지났다. 교육부 정무차장 임총명 선생에게도 감사드린다. 그는 2013년 1월 21일부로 총장으로 취임했다. 나는 그가 장차 큰 업적을 남길 것으로 믿는다.

수십 년 동안 내가 설립한 사회교육 기관을 보면, 서래대학·남천대학·남화대학·불광대학 및 각급 고등학교·중학교·초등학교·유치원 등이 있다. 『능엄경』에 "깊은 마음으로 온 세계를 받드는 것이 곧 부처님께 보은하는 것이다"라고 했다. 나는 몸과 마음을 교육·문화·자선사업에 봉헌했으니, 부처님 은혜에 만 분의 일이라도 보답했다고 할 수 있을 것이다!

◆ 본문출처: 2013년 『백년불연 4-사연편 2』

◆ 불교는 본연의 홍법과 이생利生사업 외에도, 사회에서 문화·교육·자선·환경보호 등의 일을 해야만 불교가 비로소 사찰에서 나와 사회로 들어갈 수 있는 것이다.

◆ 성과가 있으려면 이념을 견지해야 하고, 사회를 보살피기 위해선 군중 속으로 들어가야 한다.

_ 본문출처: 『불광채근담』

번역 이승준李昇俊

1983년 인하대학교 영어영문학과를 졸업하였으며, 현재는 PAN OCEANS INTERNATIONAL 대표이다. 2017년부터 2022년까지 국제불광회 서울협회 회장을 역임하였다.

교정 정선正善 스님

2012년 통도사로 출가, 2013년 직지사에서 사미계를 받았으며, 2018년 구족계를 받았다. 2018년 통도사승가대학을 졸업하고, 2022년 동국대학교 불교학과 박사과정을 졸업하였다.

다원화한 인생을 열다 – 성운대사의 '자학自學'의 길

초판 1쇄 인쇄 2023년 4월 27일 | **초판 1쇄 발행** 2023년 5월 4일

지은이 성운대사 | **옮긴이** 이승준 | **펴낸이** 김시열

펴낸곳 도서출판 운주사

(02832) 서울시 성북구 동소문로 67-1 성심빌딩 3층

전화 (02) 926-8361 | **팩스** 0505-115-8361

ISBN 978-89-5746-728-2 03220 값 16,000원

http://cafe.daum.net/unjubooks 〈다음카페: 도서출판 운주사〉